家长学校指导用书

家长成长课堂

中国关心下一代工作委员会事业发展中心 ◎ 组编

幼儿园 中班

中国教育出版传媒集团
人民教育出版社
· 北京 ·

图书在版编目（CIP）数据

家长学校指导用书．家长成长课堂 幼儿园中班 / 中国关心下一代工作委员会事业发展中心组编．—北京：人民教育出版社，2022.12（2023.4 重印）

ISBN 978-7-107-37130-1

Ⅰ．①家… Ⅱ．①中… Ⅲ．①学前儿童—家庭教育—家长学校—教学参考资料 Ⅳ．①G78

中国版本图书馆 CIP 数据核字（2022）第 227181 号

家长学校指导用书 家长成长课堂 幼儿园中班

责任编辑 仝梦冉

装帧设计 何安冉

插图绘制 王 玮

出版发行 人民教育出版社

（北京市海淀区中关村南大街 17 号院 1 号楼 邮编：100081）

网 址 http://www.pep.com.cn

经 销 全国新华书店

印 刷 北京华联印刷有限公司

版 次 2022 年 12 月第 1 版

印 次 2023 年 4 月第 2 次印刷

开 本 787 毫米 ×1 092 毫米 1/16

印 张 8.75

字 数 112 千字

定 价 35.00 元

序言

中国关心下一代工作委员会事业发展中心组织编写的《家长成长课堂》丛书即将由人民教育出版社出版，这是助力家庭教育工作高质量发展，进一步推动青少年健康成长的好事，表示祝贺！

家庭是社会的基本细胞，家庭的前途命运同国家和民族命运紧密相连。党的十八大以来，习近平总书记站在培养担当民族复兴大任时代新人、确保党和国家事业后继有人的高度，就家庭教育作出一系列重要论述。《家庭教育促进法》的颁布实施，更是把家庭教育从家事上升为国事，对政府、学校、家庭、社会明确了具体责任，提出了具体要求。

家庭教育在孩子成长、发展过程中承担着独特的、终身的教化功能，具有其他教育所没有的优势。通过科学的家庭教育指导，提升家庭教育理念，普及家庭教育知识，转变家长教养观念，可以在促进未成年人全面健康成长、增进家庭幸福和社会和谐方面，发挥重要的基础作用。

《家长成长课堂》丛书，从新时代家庭教育的实际情况出发，遵循了孩子身心发展规律以及成人教育的特点，以“立德树人”为主线，以“养成教育”为核心，通过深入浅出的语言、形象生动的案例、具体实用的方法以及独具匠心的“大作业”，手把手指导家长教育孩子，是一套系统、全面、贴近生活的家庭教育指导图书。

希望这套丛书的出版，能让更多的家长学习和领悟到新时代家庭教育的新理念，掌握科学的家庭教育新知识和方法，对家庭教育工作的开展发挥积极的推动作用。我相信，通过家庭、学校和社会的共同努力，我们就一定能够形成合力，创造良好的家庭教育社会氛围，促进孩子们幸福生活、健康成长！

顾秀莲

2022年9月18日

编写说明

家庭是孩子的第一所学校，家长是孩子的第一任老师。家庭教育工作的好坏，关系着孩子的终身发展，关系着千家万户的利益，关系着国家和民族的未来。习近平总书记高度重视家庭建设和家庭教育，强调要“给孩子讲好‘人生第一课’，帮助扣好人生第一粒扣子”，并要求教育、妇联等部门统筹协调社会资源，支持服务家庭教育。2022年1月1日，《中华人民共和国家庭教育促进法》正式实施，更是将家庭教育从家事上升为国事，为家庭教育的实施提供了法律保障。

在党和政府的高度重视下，政府职能部门、社会各界、学校和家长都在不同层面为做好家庭教育、提升家庭教育水平做了大量工作，取得了令人瞩目的成绩。但是，当前家庭教育实践中也存在着一些不足，如家长的监护能力不强、教育理念落后、方法和策略欠科学等，制约着家庭教育的水平和实效。因此，提升家长的教育能力和水平，成为做好家庭教育工作的重要一环。

为了提升家庭教育的水平，帮助家长解决家庭教育中的实际问题，我们组织编写了这套《家长成长课堂》。现将丛书的内容结构、特点简要介绍如下。

一、丛书的内容结构

本丛书采用分年龄班/年级、按主题的方式编写，包含从幼儿园小班到九年级共12册指导用书。每册8课（即8个主题），每课主要由“案例”“案例分析”“了解孩子”“建议”“大作业”等部分内容组成。

1. 案例

书中的案例是从生活中精选出来的事件，或是调查，或是新闻报道，个别案例来自经典的心理学和教育学研究。这些生动又具有代表性的案例，能促使家长去反思自己的家庭教育。

2. 案例分析

紧接在案例后面，运用心理学和教育学的理论，对其内容作出通俗易懂的分析，目的是让家长明白案例中体现了孩子发展过程中的哪些问题或困惑，产生这些问题或困惑的原因是什么。

3. 了解孩子

本部分由紧密围绕主题设计的10~20个小问题组成，并给出了粗略的评价“标准”。家长可以利用这些问题进行测试，了解自己的孩子在相应方面的表现，为确定有针对性的教育策略提供参考。

4. 建议

在“案例分析”和“了解孩子”的内容后，给出了培养孩子良好习惯和解决孩子具体问题的策略与方法。这是理论的具体化，是具有方向性和可操作性的方法。

5. 大作业

这是留给家长的“作业”。在这一部分，我们帮助家长设计了训练孩子良好行为、培养孩子良好习惯的实施方案。期待通过30天左右的训练，初步培养孩子和家长的某种意识或技能，为孩子形成良好的习惯奠定基础。

二、丛书的特点

本丛书以立德树人根本任务为指针，体现先进、科学的家庭教育理念，突出实践性和操作性，在语言表述上尽量做到深入浅出、通俗易懂。

1. 落实立德树人根本任务，体现先进的家庭教育理念

家庭教育首先要坚持立德树人，德育为先。本丛书将热爱祖国、尊敬老人、感恩长辈、关爱他人作为重要的主题，弘扬中华传统美德，渗透责任意识、抗挫折能力、合作能力的培养，力求使家庭教育走出只注重孩子学习成绩、智力培养的误区，体现“五育”并举，培养孩子德智体美劳全面发展，形成21世纪人才所必需的核心素养。

2. 突出实践性和操作性

为提升家长解决家庭教育实际问题的水平，我们通过具体的“案例”描述问题，通过“测试”诊断问题，通过“建议”提出解决问题的方法，再通过“大作业”为家长提供具体计划和方法，使家庭教育的理论变得鲜活，方法可操作，效果可见、可评。

3. 文字表述通俗易懂

考虑到家长的受教育水平不同，我们呈现内容尽量深入浅出，文字表述尽量通俗易懂，一些难懂的专业术语，尽量换成科普性的、解释性的语言，以便使不同文化层次的家长都能够看得懂、行得通。

三、使用中应注意的问题

为了使本丛书能更好地发挥作用，家长们在使用过程中，还需要注意以下几个方面的问题。

1. 根据孩子的实际情况，灵活地选择主题和顺序

丛书每册含8个主题，除了上学适应、入学准备、中考备考等主题外，大多数主题没有严格的先后顺序。家长可以根据孩子存在的突出问题，选择相关的主题对孩子进行有针对性的教育，不一定严格按书中编排的顺序进行。

2. 综合考虑习惯、能力、品质培养的一贯性和针对性

在不同的年龄阶段，同一种习惯、能力或品质，表现的内容不同，程度也不一样，往往要经过较长时间，通过不同的方面来培养。比如，培养孩子珍惜时间、做事有计划的能力，在幼儿园、小学和中学的册次都有涉及，跟随不同册次的指引，家长能够更有目的、有系统、有针对性地培养孩子。

3. 有效利用线上互动平台，为家教指导助力

在使用本丛书的过程中，家长还可关注“义方家长”微信公众号，进入教学服务平台，选择线上课程。这套线上课程除了定期的专家讲座外，还配合“大作业”提供家庭教育实施指导。通过互动，帮助家长解决家庭教育中的难题。

本丛书是家庭教育的指导读物，也适合作为家长学校指导用书。

本册第一课至第四课由河北省直机关第七幼儿园耿春艳撰写，第五课至第八课由河北师范大学牧新义撰写。全册由牧新义负责修改和定稿，最后由河北师范大学鲁忠义教授审定。

由于时间仓促，加上编者的能力有限，书中错误和不当之处在所难免，希望广大读者不吝指教！

编者

2022 年 8 月 26 日

目 录

导读

幼儿园中班是孩子三年学前教育中承上启下的阶段，是孩子身心发展的重要时期，也是孩子养成良好生活习惯的关键时期。为了帮助中班孩子的家长了解和掌握这个年龄段孩子的身心发展特点和规律，掌握教育子女的方法，我们在对幼儿园教师和中班孩子的家长进行问卷调查的基础上，选取了家长们在教育孩子时存在困惑的、共性的8个主题，精心为家长们编写了这本书。

您的孩子到超市会乱要东西吗？您的孩子会因为某件小事而哭个不停吗？您的孩子经常打滚儿、发脾气吗？当孩子有以上行为时，您是顺从孩子，还是让孩子听自己的话？您是对孩子采取冷处理，还是帮孩子分析原因、讲道理？本书第一课从心理学角度分析了孩子任性和固执的表现、成因，以及任性、固执与合理要求的界限，有助于您掌握正确处理孩子的任性和固执问题的方法。

当别人的东西比自己的好时，当别人的表现力比自己强时，这些都会激发孩子的嫉妒心理，还可能产生嫉妒行为。孩子的嫉妒行为是“孩子气”吗？真的无关紧要吗？在第二课，您会了解到：嫉妒是一种消极的负面情绪，是孩子健康成长过程中的绊脚石。当孩子嫉妒他人时，如果家长不给予及时的引导，而是使之蔓延与激化，那么，孩子就很难协调与他人的关系，也很难在生活中保持积极乐观的心态。这对孩子的身心健康将十分有害。

与人交往是自然人向社会人转变的重要方式之一。通过与人交往，人们可以获得信息、获得帮助与机会。在当今的信息化社会中，学会与人交往显得尤为重要。孩子能否顺利、友善地与他人交往，是衡量其心理发展是否正常的重要标志。如何让孩子与他人建立友谊，形成良好的人际关系？在第三课中，您可以找到帮助孩子提高交往能力的具体建议。

责任心是每个人应具备的基本素质，也是社会对每个公民的基本要求。心理学的研究表明，中班是孩子的责任心发展的关键时期。当孩子进入中班后，随着其各方面能力的增强和心理的发展，他们需要对自己的生活、学习与行为负责，如：不玩的玩具要收拾好，看完的书要摆放整齐，自己收拾饭菜残渣，不随地丢垃圾，自己的事情自己做，等等。作为家长，您应该怎样配合幼儿园一起培养孩子的责任心呢？在第四课中，您会找到合适的方法。

自信心能将人的潜能调动起来，使人百折不挠，不断努力，最终获得成功。在幼儿园中，有一部分孩子缺乏自信心，认为自己在某些方面甚至很多方面不如其他孩子。他们在活动中不敢主动参加集体游戏，不敢主动提出自己的意见和建议，不敢在众人面前大胆地表现自己，面对新事物和新活动常常害怕、退缩。打开第五课，您可以学习如何帮助孩子建立自信心。

我们经常能看到以下现象：有的孩子很想玩他人的玩具，却能克制自己不去争抢；有的孩子尽管依恋妈妈，但每天离开妈妈上幼儿园时仍然努力克制自己，想哭的时候会用力抿住小嘴……这些都是孩子具有较强的自制力的表现。有的孩子知道打人是不对的，却总爱对其他小朋友动手动脚；有的孩子知道上课不可以乱跑，却总是随意跑动……这些都是孩子缺乏自制力的表现。孩子的自制力需要家长专门培养吗？相信您会从第六课中找到答案。

生命最宝贵，安全要牢记。相比于小班孩子，中班孩子的生活经验逐渐丰富，活动范围大大拓展，活动的积极性也明显提高。因此，他们有更强的好奇心和探索欲，会更加好动，但由于其知识和经验的缺乏以及自我保护能力的欠缺，他们容易出现一些不安全的行为。第七课将指导您帮助孩子掌握一定的安全知识，培养孩子的安全意识。

在日常生活中，孩子会有很多新奇的想法。当孩子幻想自己是孙悟空，可以腾云驾雾的时候，作为家长，您是给予理解和支持，还是制止和呵斥？中班的孩子具有想象力，却时常把自己美好的想象当成现实，家长要给予理解和保护。读一读第八课，您会有所感悟。

愿所有家长都成为孩子的良师益友！愿所有孩子都健康、快乐成长！

第一课

我就要买这个玩具

——帮助孩子克服任性和固执

孩子任性、固执是家长抱怨较多的问题。据调查，在孩子的行为问题中，有1/3与任性和固执有关。这些孩子主要表现为爱发脾气、无理取闹、凡事要顺着自己、有需求就得满足等。

孩子的任性和固执发展到一定程度时，会使他在与他人交往、合作、分享等社会化活动中遇到问题，从而对其个人的长远发展产生不利影响。作为家长，我们应分析孩子任性和固执的原因，对孩子进行正确的教育和引导，帮助孩子形成良好的个性品质，为孩子的健康发展奠定坚实的基础。

案例

丽丽4岁了，上幼儿园中班。今天，妈妈到幼儿园接她回家，她先在幼儿园里玩了一会儿，又说又笑，非常高兴。之后，她拉着妈妈的手，蹦蹦跳跳地走出了幼儿园。

当她看到邻居家的文文在小区附近的玩具超市买了一个毛绒娃娃时，她突然闹着让妈妈也给她买一个。妈妈说："家里已经有好多娃娃了，不能再买了。"丽丽却噘着嘴大声嚷道："就买！就买！我就要！"妈妈又耐心地说："你是大孩子，应该懂事了，不能耍脾气。家里有很多毛绒娃娃了，今天不能买了。我们赶紧回家！"这时，丽丽吵闹得更厉害了，她跺着脚、捂着耳朵，朝妈妈喊叫："不听！我不听！你不买，我今天就不回家！"其他人看到这个情形，有的劝说丽丽的妈妈："给她买一个算了，别让孩子闹了。"也有的劝丽丽："小姑娘，听妈妈的话，赶紧回家吧！"丽丽一听，更加哭闹不止，妈妈怎么哄劝、讲道理都无济于事。妈妈又急又气，不知如何是好。

案例分析

案例中丽丽的表现就是典型的任性和固执。所谓任性就是放任自己的性子，不加约束；所谓固执就是性情或态度古板执着，不肯变通。对于中班孩子来说，任性和固执行为经常一起出现，他们不会考虑自己的做法是否正确、合理。

随着孩子自我意识的形成和发展，大多数孩子会出现任性和固执行为，4岁左右的孩子表现的尤为普遍和突出。家长要认真了解孩子的身心发展特点和成长规律，并加以有效的引导，这样才能培养出一个开朗、活泼、通情达理、身心健康的孩子。

一般来说，孩子任性和固执的原因主要有以下七个方面。

一、孩子身体不适或生病

孩子任性和固执常常与身体不适有关，也可能是身体生病的前兆。孩子身体感觉不适，如饥饿、疲倦、疼痛等，甚至可能得了某种疾病；或者其他生活方面的不适，如天气太冷或太热、床铺太硬、衣服或鞋子不合适等，这些都会影响孩子的情绪。有时，孩子不会用恰当的语言向家长描述这些问题，就转为向家长提不合理的要求：一会儿要买新玩具，一会儿要买食物，一会儿要去动物园，一会儿要去游乐场。他们通过种种要求，希望家长予以照顾和注意。当这些要求没有得到满足时，他们就会哭闹不止。

二、孩子自我意识的发展

随着年龄增长，孩子的自我意识在逐渐发展。4岁左右的孩子已经能认识到“我”是一个独立的个体。他们有自己的想法和意愿，并且逐步意识到自己的力量和作用，比如，孩子常说“我自己穿，不让你帮”“我自己爬，不让你扶”“我会做这个，你别管”，孩子常因为这些事情与家长发生摩擦和矛盾。心理学家称这一时期为“第一反抗期”，这实际上是孩子以反抗的形式表达自我意识和独立意识。此时的孩子能意识到通过自己的力量可以影响和改变他人，进而达到自己的目的。如果家长不顺从孩子的意愿，孩子就会任性和固执。

三、孩子占有意识的增强

由于孩子的自我意识的发展和生活经验的丰富，他们在成长过程中逐渐出现了占有意识，他们对不属于自己的东西常常表现出占有欲。当孩子看到其他人有某种物品时，在占有欲的驱使下，他们会不顾家长的劝说，要求自己也拥有同样的物品。

四、家长不了解孩子的身心发展规律，不能正确区分任性、固执与合理要求的界限

中班孩子的生理和心理都有了一定的发展，其行为也会有较大的改变，这在孩子的成长过程中是正常的。然而，家长往往按照以往的方式照顾和要求孩子，当孩子不顺从时，家长就会觉得孩子不听话。长此以往，这造成了孩子与家长之间的对立或矛盾，从而使孩子更加任性和固

执。另外，家长判断孩子是否任性和固执，应以孩子的要求是否合理为标准。在日常生活中，孩子会提一些要求，如：孩子想自己吃饭，不想要家长喂；孩子想独自攀爬，不让家长扶；等等。孩子的这些要求可能是其独立意识的表现，是合理要求，并不是任性和固执。

五、家长的教养方式不正确

家长的教养方式不正确会导致孩子任性和固执。很多家长总认为孩子小，什么事情都做不好，或是怕孩子受委屈，就会溺爱孩子。他们细心地帮孩子做很多事情，对孩子不讲原则，有求必应，即使是无理要求也不阻止、不批评。因此，当孩子遇到不会做的事情、受到批评或是遇到挫折时，他们便会哭闹、发脾气，甚至将任性和固执作为手段，以达到自己的目的。

六、家庭氛围不好，忽视孩子的情感需求

在有些家庭中，家庭成员间关系紧张，经常出现吵闹、打架等不和谐的现象。孩子在这种家庭氛围中生活，会形成不安、焦虑、害怕等不良情绪，这种情绪在孩子心中长期积累，等发展到一定程度时，孩子的任性和固执就会爆发。另外，有的家长忙于工作，陪伴孩子的时间较少，孩子的情感需求得不到满足，进而会通过任性和固执来宣泄情绪。还有的家长和孩子聚少离多，在和孩子短暂相聚时，家长为了弥补自己对孩子的感情，会盲目地满足孩子的物质需求，却忽视了孩子的情感需求。

七、家长对孩子的期望过高

有的家长对孩子的期望过高，要求过于严格，孩子的言行举止只要

达不到家长的要求，就会被家长训斥和责怪，这将对孩子的心理和性格产生负面影响。当家长的训斥和责怪到了一定程度后，孩子会突然出现任性、固执甚至攻击他人等行为。

了解孩子

下面这些内容可以用来了解孩子的任性和固执情况，家长可以对照这些内容观察孩子的行为，符合孩子行为的选“是”，不符合的选“否”。每题选“是”计1分，选“否”计0分。得分越高，说明孩子的任性和固执情况越严重，需要家长的帮助；得分越低，说明孩子的情况良好。

1. 在家里或幼儿园里，只要不符合自己的意愿就发脾气、摔玩具、扔书等。 是□ 否□
2. 只要看到其他小朋友有新玩具或新衣服，就立刻吵着要，不听家长劝解。 是□ 否□
3. 自己的要求没有得到满足，家长耐心地讲道理时，赶紧捂上耳朵表示不听。 是□ 否□
4. 早晨上幼儿园时，经常向家长提条件或要求，否则不出家门。 是□ 否□
5. 见到老师和班里的小朋友，不论家长如何提示和引导，就是不打招呼。 是□ 否□
6. 与小朋友玩游戏时，从不听取他人的建议。 是□ 否□

7. 吃饭时，对于不爱吃的食物一口也不吃，喜欢吃的就争抢。 是□ 否□

8. 连续看动画片超过了一小时，被家长制止后就大哭大闹。 是□ 否□

9. 自己提出的要求必须立刻得到满足，否则就哭闹。 是□ 否□

10. 与来家里玩的小伙伴一起搭积木，一会儿就会产生矛盾。 是□ 否□

11. 没有正当理由地挑拣衣服或鞋子，比如，冬天非要穿凉鞋。 是□ 否□

12. 不肯独立完成自己能做到的事，非要家长帮忙，否则就发脾气。 是□ 否□

建议

一、尊重孩子，满足孩子的合理要求，并学会区分任性、固执与合理要求的界限

家长首先需要了解孩子的生理和心理发展特点，了解孩子产生需求的原因，对孩子合理的生理和心理需求应尽量满足，即使一时不能满足，也应耐心地向孩子解释清楚，得到孩子的理解。另外，家长要经常鼓励孩子用语言表达自己的感受、要求和愿望，帮助孩子尽可能地与他人进行有效沟通。比如，孩子说：“妈妈，我今天牙疼，不想吃菜，只想喝一点儿粥。”家长应同意孩子的要求，而不应认为孩子是任性挑食。

此外，家长应尊重孩子，与孩子平等对话，学会区分和判断孩子的要求是否合理。对于那些表面看起来任性，实则背后有其合理原因的要

求，家长应给予孩子正确的引导和满足，比如，冬天的早晨，妈妈送孩子去幼儿园，孩子非不穿毛衣，妈妈认为孩子在挑拣衣服就责怪孩子，其实可能是因为毛衣上有拉链，孩子午睡时不会穿脱，并不是故意挑拣衣服。所以，当家长面对类似情况时，应仔细询问孩子行为背后的真实想法，对于孩子的任性和固执行为给予正确的判断和区分。

二、创设良好的家庭氛围，常与孩子沟通和交流

家庭是孩子重要的生活环境，良好的家庭氛围有助于孩子身心健康发展。家庭成员间互相尊重、和谐融洽，同时在教育孩子时态度一致，孩子的任性和固执行为就会比较少。另外，建议家长每天抽出时间与孩子沟通和交流，可以用聊天、做游戏等方式，了解孩子在幼儿园的生活和学习情况，及时关注孩子的心理变化和情感需求。如果家长常与孩子沟通和交流，不但会拉近亲子关系，而且孩子的任性和固执行为也会有所减少。

三、不过分要求孩子

家长对孩子的要求应符合孩子的身心发展规律和个体差异，不对孩子提不切实际的要求，更不要因为孩子达不到某些要求就斥责和打骂孩子。比如：有的家长要求4岁的孩子持续阅读一小时以上，否则就认为孩子不爱学习；有的家长认为孩子已经上中班了，应该会写自己的名字，就让孩子不停地练习写名字。这些不合理的要求往往会适得其反。

四、重视孩子的第一次任性和固执

当孩子第一次任性和固执时，家长应保持冷静，耐心了解事情的来

龙去脉，然后进行甄别和判断。家长应教育和引导孩子，发脾气、哭闹等行为不能真正解决问题，应以合理的方式表达自己的诉求。

五、事先约定，防患于未然

家长通常都比较了解孩子的性格特点，能判断和预估孩子在什么情况或什么场合下容易出现任性和固执行为。在这些行为出现之前，家长可以采取预防措施。比如，带孩子做客前，家长可以和孩子先做好约定：如果在小伙伴家里看到喜欢的玩具，可以轮流玩、一起玩，不争抢，不任性哭闹；如果特别喜欢这个玩具，回家后可以告诉家长，家长再判断是否购买。事先约定可以使孩子在心理上进行自我控制和调节，在一定程度上防止任性和固执行为的发生。

六、适当的冷处理

当孩子不听家长的解释和劝阻，任性发脾气时，家长可以在安全的环境下，对孩子进行适当的冷处理。等孩子情绪平复以后，家长再耐心地问孩子："刚才为什么发脾气？这样做能解决问题吗？说说你的想法。"这时家长要了解原因，认真听孩子说，让孩子学习控制情绪，用合适的方法解决问题。

七、给孩子"理智的爱"

孩子在生病或病愈后的恢复期，常常表现出任性和固执行为。家长应根据孩子的具体情况给予其"理智的爱"，而非溺爱。家长和幼儿园老师可以达成一致，在合理的范围内多给孩子一些关心和照顾。但是，家长也应向孩子传递一个信息：这只是特殊时期的爱。

大作业

第一阶段：家庭成员统一认识（2天）

此阶段主要是家庭成员对于孩子的任性和固执行为形成统一的认识，并对孩子的任性和固执程度进行判断。

1. 家庭成员坐在一起，认真学习和了解中班孩子的年龄特点和心理发展水平，讨论对孩子的任性和固执行为的界定和认识，在教育理念上保持一致。

2. 将孩子在最近一周内任性和固执的事情列举出来，并进行统计，判断孩子的任性和固执程度。

程度划分：

一周之内每天都发脾气（重度任性和固执）；

一周之内发3~4次脾气（中度任性和固执）；

一周之内发1~2次脾气（轻度任性和固执）。

第一天：

第二天：

第二阶段：分析原因（1天）

此阶段主要是家长针对孩子任性和固执的表现，分析原因并反思自己的处理方式。

1. 孩子任性和固执的主要原因是什么？

2. 对于孩子的任性和固执行为，以前是如何处理的？在这些处理方式中，哪些合适，哪些不合适？

原因：

反思处理方式：

第三阶段：给孩子讲故事（7天）

此阶段主要是家长通过讲故事，直观形象地引导孩子认识到任性和固执的坏处。

1. 任性和固执的孩子通常表现为以自我为中心，不顾及他人的感受。因此，家长可以选择图文并茂、具有教育意义的故事书，每天给孩子讲一个故事，帮助孩子逐步摆脱以自我为中心的思维方式。

2. 家长讲完故事，向孩子提问：故事里有谁？发生了什么事？结果如何？为什么？家长还可以和孩子一起看图复述故事。

家长记录孩子听完故事后的反应、回答问题的情况、对任性和固执的认识程度。

第一天：

第二天：

第三天：

第四天：

第五天：

第六天：

第七天：

第四阶段：分角色表演故事（7天）

此阶段主要是家庭成员在熟悉故事内容的基础上，分角色表演故事。

1. 孩子选择角色进行表演，家人要鼓励、肯定孩子的演技和语言表达能力。

2. 家庭成员轮流变换故事中的角色进行表演，然后一起讨论自己最喜欢的角色，并说出原因。

3. 一个故事表演熟练后，可再换一个故事进行表演。目的是通过角色扮演来改变孩子的认识，再逐步过渡到其行为的改变。

家长记录孩子的表现情况和行为变化。

第一天：

第二天：

第三天：

第四天：

第五天：

第六天：

第七天：

第五阶段：为孩子创设体验他人任性和固执的情境，改善孩子的行为（2天）

此阶段主要是家长为孩子创设体验情境，让孩子体验由于他人的任性和固执带来的不良感受，从而达到反思自我、改善自身行为的目的。

1. 家长利用周末请亲朋好友家的孩子来家里玩，让自己的孩子帮忙照顾他们。

2. 家长引导孩子观察和体验他人的任性和固执行为，帮助孩子改善自身行为。

家长记录孩子的表现情况和感受。

第一天：

第二天：

第六阶段：改变孩子的任性和固执行为（10天）

此阶段主要是家长在日常生活中观察孩子的情绪和行为，发现和了解孩子任性和固执的苗头，对孩子进行及时干预和引导。

家长通过观察和记录，了解孩子任性和固执的原因，总结适合孩子的方法。以下内容可供参考。

类型	措施	具体方法
当家长意识到孩子将要任性和固执时	以预防为主，尽量避免任性和固执行为的发生	让孩子看十分钟动画片
		带孩子出去玩
		给孩子讲最喜欢听的故事
		表扬孩子最近的良好行为
		陪孩子玩平时最喜欢的游戏
当孩子已经任性和固执时	分析原因，采取策略	转移孩子的注意力
		冷处理，暂时不理孩子
		给出几种选择，让孩子自己决定

家长记录孩子的表现情况、采取的措施、取得的效果和自身的感想等。

时间	孩子的表现情况	家长采取的措施	取得的效果	家长的感想
第一天				
第二天				
第三天				
第四天				
第五天				
第六天				

续表

时间	孩子的表现情况	家长采取的措施	取得的效果	家长的感想
第七天				
第八天				
第九天				
第十天				

第二课

我为你的成功鼓掌

——帮助孩子克服嫉妒心理

嫉妒指个体对于在才能、名誉、地位、境遇等方面胜过自己的人所产生的一种消极情绪状态，主要表现为愤怒、怨恨、焦虑等。嫉妒影响人的社会情感发展，会使人心理失衡，不利于人际交往。

孩子出现嫉妒心理后，一般表现为不能坦然接受他人的成功、不认可他人的价值、对他人抱有偏见等。如果孩子长期处于嫉妒的心理状态中，他们可能会产生消极、自卑、压抑等一系列不良情绪，这将严重影响其身心健康。所以，家长应及时干预，帮助孩子克服嫉妒心理。

案例

龙龙是一个4岁的小男孩，活泼聪明，好胜心强。一天，幼儿园上手工课，大家都在学习折小飞船，老师表扬了龙龙的好朋友军军，夸他折飞船又快又整齐，还把军军折的小飞船展示在作品栏里。这一切龙龙都看在眼里，气在心上。

午饭后，龙龙趁老师不注意，把军军的小飞船从作品栏里拿出来，扔在了地上。恰巧邻班的老师看见了，就告诉了龙龙的老师。老师批评了龙龙，可龙龙还理直气壮地说："之前每次折纸，你都表扬我折得好，可是今天你表扬了军军，为什么不表扬我呀？"老师解释道："军军以前不擅长折纸，最近他很认真地练习，进步很快。他今天的确折得又快又整齐，老师当然应该表扬他了。老师没有表扬你，不代表你折得不好呀！"龙龙满脸不服气的样子，继续辩解道：

“哼！今天的小飞船太简单了，我就是折得比他好。”

龙龙的妈妈告诉老师，龙龙还有个2岁的妹妹乐乐。在家中，龙龙也有类似的行为，只要妈妈夸奖了乐乐，龙龙就很不高兴。有时候，他还会向妈妈“打小报告”，说乐乐哪里做得不好。

案例分析

案例中龙龙的一系列行为是嫉妒的表现。很多孩子在成长过程中常常会有嫉妒心理，特别是那些好胜心较强的孩子。家长看到孩子有不满、怨恨、嘲笑他人等行为表现时，需要先了解孩子产生嫉妒的原因，再进行正确的引导和教育，帮助孩子从不良情绪中走出来。孩子为什么会有嫉妒心理呢？原因主要有以下五个方面。

一、孩子的自卑心理

自卑心理是个体产生嫉妒的原因之一。奥地利心理学家阿德勒（A. Adler）曾提出自卑与补偿理论，认为有自卑心理的人会觉得自己在某些方面不如他人，从而产生失衡心理。所以，个体会尝试使用多种方式并付诸努力来弥补这种失衡。当努力无济于事时，就会产生嫉妒心理。案例中的龙龙在和军军、乐乐作比较时，可能由于产生了自卑心理，就采用搞破坏、打小报告的方式表达不满情绪，以达到内心的平衡。

二、孩子缺乏人际交往技能

有的孩子由于性格孤僻，没有掌握基本的人际交往技能，就很难与同龄人友好相处。每当看到其他小朋友一起玩耍、游戏时，孩子很想参加，但又不知道怎么加入，或者即使加入了也得不到其他小朋友的接纳，不能从活动中感受到快乐。因此，孩子会产生孤独和怨恨心理，之后就有可能演变为拒绝参加小朋友的共同活动；但是，当孩子看到其他小朋友一起玩游戏时，又会产生嫉妒心理。

三、孩子好胜心强

一般来说，好胜心可以激发人的成功欲。如果孩子的好胜心过强，家长又不注意引导，当其好胜心达到一定程度时，就可能发展为嫉妒。在现实生活中，很多孩子都会有好胜心，如凡事都要争第一、处处表现自己等。孩子争强好胜本身不是坏事，但要掌握好度。当孩子在各方面都容不得别人比自己好时，就容易产生嫉妒心理。

四、家长对孩子溺爱、娇惯或忽视孩子的情感需求

在一些家庭中，孩子从小备受溺爱，家人事事都顺着孩子，会尽力满足孩子的所有要求。这种长期的溺爱和娇惯更加强化了孩子以自我为中心的思维，使孩子缺乏分享意识。当家长对其他孩子表现出热情和亲切时，孩子就会认为自己专属的情感被分享了，从而产生嫉妒。还有一些家长平时忙于工作，对孩子的关心不够，难以满足孩子的情感需求，久而久之，这会使孩子产生不健康的心理，由此引发嫉妒、抑郁等一系列不良情绪。

五、家长的嫉妒心强

家长的言行举止对孩子起着潜移默化的作用。有些家长的嫉妒心强，经常在孩子面前嫉妒同事或亲朋好友，不能给孩子营造一个乐观、积极向上的家庭氛围，孩子也会逐渐从家长那里受到一些不良的心理暗示，从而产生嫉妒心理。

了解孩子

下面这些内容可以用来了解孩子的嫉妒情况，家长可以对照这些内容观察孩子的行为，符合孩子行为的选“是”，不符合的选“否”。每题选“是”计1分，选“否”计0分。得分越高，说明孩子的嫉妒心越强，需要家长的帮助；得分越低，说明孩子的情况良好。

1. 家长替邻居照顾孩子，自己的孩子就很不高兴，不愿拿出玩具、食物与小朋友分享。 是☐ 否☐
2. 家长夸奖其他小朋友“真勇敢”“真能干”时，孩子立刻不高兴。 是☐ 否☐
3. 在幼儿园，当老师赞美其他小朋友的衣服漂亮时，孩子立刻反应：“哼！我让我妈妈买，比她的还漂亮！” 是☐ 否☐
4. 家里来了小朋友，家长拿玩具、零食给小朋友时，孩子气呼呼地说：“给你，都给你！”然后坐在一旁生气。 是☐ 否☐
5. 幼儿园班里上手工课，老师夸××小朋友的作品好，孩子生气地把该小朋友的作品搞坏。 是☐ 否☐

6. 老师夸 × × 小朋友吃饭又快又干净，孩子听后就不高兴，于是偷偷把饭菜扔到该小朋友的桌子上。 是☐ 否☐

7. 户外游戏时，孩子站在一旁不参加，却不时跑过去推推这个小朋友，碰碰那个小朋友，搞点儿小破坏。 是☐ 否☐

8. 看到其他小朋友种的东西都发芽了，自己种的却没有发芽，孩子一生气就把其他小朋友的拔掉了。 是☐ 否☐

9. 孩子和小朋友一起在家搭积木，妈妈夸小朋友搭的积木很高，孩子听了以后，立刻把小朋友的积木推倒，还说以后不准小朋友来自己家玩。 是☐ 否☐

10. 爸爸出差回来后，先和妈妈打招呼，孩子就会不高兴。 是☐ 否☐

建议

一、对孩子的教育态度要一致

嫉妒是孩子在成长过程中经常会出现的一种消极情感，大部分孩子都会经历这种情感体验，即使成年以后也不时会被嫉妒心理所困扰。因此，对于孩子出现的嫉妒心理和行为表现，家庭成员既不能放任不管，也不应斥责打骂，而要采取积极的态度，认真寻找孩子产生嫉妒的原因，再采取适宜的方法对孩子进行正确的引导，使孩子逐渐克服嫉妒心理。其中，重要的一点就是家庭成员对孩子的教育态度要一致，如果不一致，就会影响家庭教育的效果。比如，有的家庭在教育孩子方面，父母批评孩子，爷爷奶奶却过来保护孩子，甚至指责和埋怨孩子的父母，这样就很不利于孩子克服嫉妒心理。

二、帮助孩子克服自卑心理

有些孩子的嫉妒源于自卑，所以家长应给予孩子积极、恰当的评价，帮助孩子分析自身的长处与短处，引导孩子学会扬长避短，增强自身能力，树立自信心，这些都是家长帮助孩子克服自卑心理的有效策略。

家长可以向孩子讲道理：既要发现他人的长处，也要看到和肯定自己的长处，比如，其他人动手能力强，擅长折纸，但是孩子讲故事很生动，还会弹钢琴。家长要帮助孩子理解每个人都是不一样的，要学会接纳和欣赏自己，不嫉妒别人。对于有自卑心理的孩子，家长应根据孩子自卑的原因给予其具体的帮助，比如，家长通过观察发现孩子由于折纸能力较差，导致他嫉妒其他小朋友后，就应在做解释工作的同时，每天抽出一定的时间帮助孩子提高折纸能力。经过一段时间的反复练习，孩子的折纸能力得到提高，自信心会增强，嫉妒也会随之减少。

三、冷静处理孩子的嫉妒行为

家长在夸奖和赞美其他小朋友时，也应照顾自己孩子的情绪，让孩子内心得到满足，进而从嫉妒的情绪中走出来，比如，家长在表扬其他小朋友搭的城堡又高又稳固时，也要学会夸奖自己孩子搭的停车场真宽敞，能停好多车。

当孩子表现出很强的嫉妒心时，家长可以设法转移孩子的注意力，鼓励孩子参加游戏活动，这样孩子的心情会逐渐平复。如果孩子因为嫉妒而毁坏他人的作品时，家长应保持冷静，不责怪或批评孩子。家长可以引导孩子说出这样做的原因，多听听孩子的心声和想法，然后家长根据孩子的心理进行有针对性的处理，让孩子意识到自己的错误行为，懂得以欣赏和赞美的眼光来看待他人的优点和成绩。

四、给予孩子充足的信任和安全感

幼儿期是孩子成长的重要时期。在这一时期，家长应经常陪伴孩子，和孩子一起学习、游戏、运动等，给予孩子充足的信任和安全感，这样孩子的内心是安全的、稳定的。孩子能感受到自己被接纳和认可，从而以积极的态度面对生活中的人和事。

五、平等对待家中的每个孩子

孩子的嫉妒不仅表现在同伴之间，还表现在兄弟姐妹之间。尤其是随着国家生育政策的放开，有的家庭中会有两三个孩子。当孩子感觉到家长对自己的爱被兄弟姐妹分享时，或者家长差别对待自己和兄弟姐妹时，孩子就会产生不安全感，从而引发一系列嫉妒行为。所以，家长应平等对待家中的每个孩子，让他们感觉到家长的爱是平等的。

六、积极引导，而非消极劝说

如果孩子总是嫉妒他人，家长应积极引导孩子，运用语言的艺术疏导孩子的不良情绪，比如，当孩子嫉妒其他小朋友有很多漂亮衣服时，家长可以告诉孩子："你虽然没有那么多漂亮衣服，但是爸爸妈妈都很爱你。你每天穿得干干净净，老师和小朋友也都非常喜欢你。"通过这样的方式，让孩子意识到自己目前所拥有的就是最好的，从而减少嫉妒和埋怨。

大作业

第一阶段：分析孩子产生嫉妒的原因（2天）

此阶段主要是家长通过观察孩子的行为表现，分析孩子产生嫉妒的原因，明确重点要帮助孩子改善哪些方面。

1. 家庭成员一起客观分析孩子为什么会有嫉妒心理。

2. 根据上述分析，明确要重点改善的方面，可以先从孩子的认知方面入手，再过渡到其心理方面。

第一天：

第二天：

第二阶段：引导孩子理解嫉妒给自己和他人带来的不愉快体验（7天）

此阶段主要是让孩子通过故事中的人物形象和角色特点，理解嫉妒给自己和他人带来的不愉快体验，从而改善自身行为。

1. 家长挑选或自编一些故事，故事主人公需要具有快乐、活泼、大方、友好等特点。家长每天晚上给孩子讲一个故事。

2. 家长每天讲新故事前，先请孩子回顾一下前一天的故事内容，问问孩子：你喜欢故事中的这些人吗？为什么？为什么大家都喜欢和他们做朋友呢？再请孩子说一说自己的想法。

3. 家长再编一些具有反面角色的故事，如故事主人公由于嫉妒、自私、霸道等而失去快乐或失去好朋友的故事。家长讲完之后，问问孩子：你喜欢故事中的这些人吗？他们为什么不快乐或者没有好朋友？为什么大家都不喜欢他们？他们应该怎样做才能让大家喜欢呢？

4. 家长可以和孩子一起复述故事。

家长记录孩子对故事的理解程度和行为变化。

第一天：

第二天：

第三天：

第四天：

第五天：

第六天：

第七天：

第三阶段：引导孩子认可自己和他人的优点（7天）

此阶段主要是让孩子通过为好朋友画像，引导孩子客观评价他人，认可自己和他人的优点。

1. 请孩子说出在班里自己喜欢的7个好朋友的名字。

2. 请孩子为每个好朋友画像，说出喜欢他们的原因，并引导孩子说出自己和好朋友的优点。

3. 孩子需要每天完成为一个好朋友画像，并对其评价的任务。

（如果孩子有嫉妒兄弟姐妹的行为，也可以参考此方法。）

家长记录孩子的表现情况和行为变化。

第一天：

第二天：

第三天：

第四天：

第五天：

第六天：

第七天：

第四阶段：利用周末为孩子提供与同伴玩耍的机会（8天）

此阶段主要是家长为孩子提供与同伴玩耍的机会，可以让孩子周末请同伴到家里或游乐场一同玩耍。

1. 在孩子与同伴玩耍的过程中，家长可以有意夸奖孩子同伴的衣服、称赞其表现等，然后观察孩子的反应。如果孩子有嫉妒倾向，家长可给予引导和教育。

2. 一个月内的4个周末均如此，共计8天。最后加以比较，看孩子的嫉妒行为是否减少。

（如果孩子有嫉妒兄弟姐妹的行为，也可以参考此方法。）

家长记录孩子的表现情况和行为变化。

第一周

周六：

周日：

第二周

周六：

周日：

第三周

周六：

周日：

第四周

周六：

周日：

第五阶段：与幼儿园老师沟通，减少孩子在幼儿园的嫉妒行为（5天）

此阶段主要是家长和幼儿园老师沟通，了解孩子在幼儿园的表现情况，对于孩子的嫉妒行为要予以指导和帮助。

1. 请老师帮忙记录孩子在幼儿园的表现，如：一周内出现了几次嫉妒行为？原因是什么？

2. 请老师在班中有意创设一些容易引发孩子嫉妒的情境，如表扬其他小朋友的作品、赞美他人的表现等，并观察孩子的反应，然后家长和老师共同帮助孩子减少嫉妒行为。

家长记录孩子的表现情况和行为变化。

第一天：

第二天：

第三天：

第四天：

第五天：

第三课

一起玩才快乐

——帮助孩子提高交往能力

交往能力是现代社会对人的基本能力要求。幼儿期是人生的基础阶段，家长在这一时期重视培养孩子的交往能力，有助于孩子形成良好的人格和健康的心理，能提高孩子的社会适应能力。

中班年龄阶段是提高孩子的交往能力的关键时期。和小班相比，此阶段的孩子已经逐渐熟悉和适应幼儿园的集体生活，他们在生理和心理方面都有所发展。在社会领域方面，他们不再局限于以自我为中心的小世界里，他们愿意参加集体活动，会积极主动地提出自己的想法，会因为和同伴一起游戏而感到快乐，也会因为能为同伴服务而感到高兴。家长应抓住这个关键时期，有意识地提高孩子的交往能力，促进孩子的社会性发展。

案例

帅帅是一个中班的孩子。今天，他将妈妈新买的玩具赛车带到了幼儿园。下午自由活动时，他高高地举着玩具赛车，一边摇晃，一边围着活动室慢慢地转圈，嘴里喊道："谁玩我的新赛车？"他觉得自己的赛车很神气，他希望有小朋友来和他一起玩。可是，他转了几圈后，依然没有人找他玩。

帅帅拿着自己的玩具赛车独自玩了一会儿，他觉得没意思，就去找正在玩积木的小朋友，他想和大家一起搭积木。他走过去，站在那里一句话也不说，后来发现没人理自己。于是，他伸手推翻了大家搭好的积木。

接着，帅帅又来到阅读区，乐乐和婷婷正在看故事书。没等帅帅走到跟前，乐乐就把书拿到了另一边，并对婷婷说："别给他看，等一会儿又被他弄坏了。"帅帅刚想伸手抢，乐乐和婷婷就飞快地跑开了，只剩下帅帅茫然地看着她们，心里非常难受。

案例分析

4~5岁是孩子进行同伴交往的分化期，也是孩子获得有效交往技能的关键期。在此阶段，孩子的同伴交往具有探索性和冲突性的特点，他们能主动与同伴建立关系，并且对于同伴开始有明显的喜恶意识。从案例中可以看出，帅帅很想和其他小朋友一起玩，但没人愿意和他玩，这是帅帅在同伴交往方面存在的问题。在现实生活中，我们经常会看到像帅帅这样不合群、交往能力差的孩子，造成这一问题的原因主要有以下四个方面。

一、与孩子的性格有关

一般来说，性格内向的孩子沉稳、安静，不善于主动结交朋友，不愿意或不敢向他人表达自己的想法。他们更喜欢独处，愿意在安静的角落里玩玩具、看书或独自游戏等。如：在公园或者游乐场中，妈妈努力劝说孩子和其他小朋友一起玩，但是孩子仍然无动于衷，更喜欢自己独自玩。这类孩子受性格影响，在陌生的环境中或者在与人交往时，往往会产生强烈的不安全感。

二、孩子表达能力较差

有的孩子性格外向，虽然愿意与同伴交流、合作和游戏，但是，由于语言表达能力较差，在与同伴交往时常常会出现交流困难的情况，导致交往中产生不愉快的情绪体验。久而久之，孩子就对同伴交往产生了抵触情绪，进而影响了其交往行为。

三、孩子缺少交往技能

有的家长平日忙于工作，疏于对孩子的教育和引导，没有教给孩子在这个年龄段应掌握的基本交往技能，如礼貌问候、耐心等待、轮流、协商等，导致孩子不知道如何与其他小朋友交往。

四、家长的溺爱和过度保护

有的孩子由于家长的溺爱养成了凡事以自我为中心、任性的坏习惯。孩子在与同伴交往时，不能很好地加入同伴的活动中，即使加入了，也很容易出现冲突和矛盾。类似的情况出现多次之后，大家就不愿意和这样的孩子交往。还有的家长担心孩子在同伴交往中吃亏，让孩子经常待在封闭的、缺乏交流和沟通的环境中，导致孩子很少与同龄人一起玩耍，交往能力较差。

了解孩子

下面这些内容可以用来了解孩子的交往能力，家长可以对照这些内容观察孩子的行为，符合孩子行为的选“是”，不符合的选“否”。每题选“是”计1分，选“否”计0分。得分越高，说明孩子的交往能力越强；得分越低，说明孩子在交往能力方面存在问题，需要家长的帮助。

1. 愿意和同龄人一起玩，并能持续玩一小时以上。 是□ 否□
2. 能使用礼貌用语，成功加入陌生小伙伴的游戏中。 是□ 否□
3. 能主动把自己喜欢的玩具、食物拿出来与他人分享。 是□ 否□
4. 对于其他小伙伴在游戏中的失误能表示宽容、不嘲笑。 是□ 否□
5. 在与小伙伴一起游戏时能等待、轮流、谦让、不任性。 是□ 否□
6. 能向他人清晰、准确地表达自己的请求和愿望。 是□ 否□
7. 在合作游戏中出现矛盾和冲突时，能和同伴协商解决。 是□ 否□
8. 在公园、游乐场等公共场所，能主动礼让比自己小的孩子。 是□ 否□
9. 在游戏中能认真倾听同伴讲话，不打断。 是□ 否□
10. 喜欢上幼儿园，认为集体游戏比自己玩更快乐。 是□ 否□
11. 会运用商量、请求的句子，如："我们一起玩，好吗？""请你帮帮我，好吗？" 是□ 否□
12. 能和不同性格的孩子一起玩耍。 是□ 否□
13. 能立刻说出五个以上好朋友的名字。 是□ 否□

建议

一、为孩子创设交往的环境和机会

家长可以经常带孩子到商场、儿童游乐园、公园等公共场所，让孩子观察和了解每个人是如何与他人交往的。家长也可以有意识地让孩子练习与他人交往，如：在外就餐时，让孩子学习点餐，并和餐厅服务员交流；在超市购物时，让孩子交钱买东西；等等。总之，家长应尽可能多地为孩子创设与他人交往的环境和机会，让孩子在实践中学习交往技能，提高交往能力。

二、教孩子学习与人交往时的礼貌用语

在与人交往时，使用礼貌用语既表示对交往对象的尊重，又便于开展人际交往活动。家长可以结合日常生活，教孩子学习与人交往时的礼貌用语，如："请你帮帮我！""我们一起玩，好吗？"此外，家长还可以教孩子学会赞美他人，如："你真能干！""我觉得你太棒了！"这样有利于孩子在不同情境下与他人进行有效沟通。

三、鼓励孩子与他人交往

对于性格内向、不愿与人交往的孩子，家长可以让孩子从接触熟悉的同龄人开始，然后接触不熟悉的小朋友，让孩子逐渐愿意和适应与他人交往。比如，家长可以先带孩子与两三个熟悉的小朋友交往，每周一次，之后逐渐增加频次。等孩子适应了之后，家长在周末的时候，再带孩子到游乐场或其他公共场所，鼓励孩子与不熟悉的小朋友交往。采取这种循序渐进的方法，教育效果会比较好。同样运用此方法，家长还可以鼓励孩子与成年人交往。

四、正确指导孩子与同伴交往

家长应鼓励孩子经常和同伴一起玩游戏。在游戏中，当大家的意见不一致时，家长可寻找合适的时机，以游戏者的身份介入孩子的游戏，可以说："我也加入你们的游戏，我觉得你们说的方法都很好，我们可以试一下。"当他人成功时，家长可以说："祝贺你！你太棒了。我要向你学习。"当他人失败时，家长可以说："没关系，再试一试。下次肯定能成功！"运用这些方式，让孩子知道面对不同的情况时，应给予他人鼓励和支持，而不是嘲笑或讽刺。此外，家长在处理孩子与同伴的交往问题时，要做到公平公正，既不扮演孩子的庇护者，也不充当指责他人的控诉者。

大作业

第一阶段：评估孩子的交往能力（3天）

此阶段主要是家长通过观察孩子与同伴的交往情况，评估孩子目前的交往能力。

家长记录孩子的表现情况，并进行评估。

第一天：……………………………………………………

……………………………………………………………

第二天：……………………………………………………

……………………………………………………………

第三天：……………………………………………………

……………………………………………………………

第二阶段：交往语言的训练（3天）

此阶段主要是家长帮助孩子掌握交往中的礼貌用语，为孩子与同伴交往提供语言方面的条件。

第一步：懂得礼貌用语的重要性。

家长可以先和孩子进行情景对话，分别用有礼貌的语气和没礼貌的语气来说话，引导孩子体会有礼貌说话和没礼貌说话有什么区别，并说一说哪种语气说话让人听起来舒服。

第二步：掌握交往中的礼貌用语。

1. 商量的语言："咱们一起玩游戏，好吗？""我可以和你们一起玩吗？"

2. 赞美的语言："你做得真好！我要向你学习！"

3. 帮助他人的语言："我来和你一起做，可以吗？"

4. 道歉的语言："对不起，我把你的小赛车弄坏了。"

5. 请求帮助的语言："你可以帮帮我吗？"

家长记录孩子的表现情况和行为变化。

第一天：

第二天：

第三天：

第三阶段：交往技能的训练（5天）

此阶段的目的是让孩子学习和掌握交往技能。

1. 家庭成员一起模拟排队购物，培养孩子在集体中的排队意识和等待意识。

2. 准备一个孩子最喜欢的玩具，家庭成员采用集体协商的方式决定玩具的玩法，帮助孩子掌握协商技能。

3. 家长根据孩子的兴趣和接受情况，可以变换其他形式进行练习。

家长记录孩子的表现情况和行为变化。

第一天：

第二天：

第三天：

第四天：

第五天：

第四阶段：练习和巩固（2天）

此阶段主要是家长通过讲故事，让孩子练习交往语言，巩固交往技能。

1. 家长给孩子讲一些故事，故事需要以同伴交往为主题，问问孩子：故事主人公在交往中遇到了哪些问题？他们是怎么说的？怎么做的？他们的做法合适吗？为什么？

2. 家长询问孩子：如果是你，你会怎么说？怎么做？

家长记录孩子的表现情况。

第一天：

第二天：

第五阶段：请同伴到家里玩，观察并记录孩子与同伴的交往情况（4天）

此阶段主要是家长利用两周周末的时间，为孩子提供与同伴交往的机会，重点引导孩子运用已学到的交往语言和交往技能。

家长记录孩子的表现情况和行为变化。

第一周

周六：

周日：

第二周

周六：

周日：

第六阶段：带孩子到公共场所，观察并记录孩子与他人的交往情况（5天）

此阶段主要是家长为孩子提供与他人交往的机会，使孩子在公共场所中的交往能力得到锻炼和提高。

家长记录孩子的表现情况和行为变化。

第一天：

第二天：

第三天：

第四天：

第五天：

第七阶段：分析和总结（7天）

经过前几阶段的训练和指导后，此阶段主要是家长分析和总结孩子的交往能力。

1. 家长根据前期的记录，全面分析和总结孩子的交往能力。对于孩子做得好的方面予以表扬和奖励，对于做得不好的方面予以引导和纠正。

2. 家长根据孩子的具体情况调整计划，重点关注孩子做得不好的方面是否有改善。

家长记录孩子的表现情况和行为变化。

第一天：

第二天：

第三天：

第四天：

第五天：

第六天：

第七天：

第四课

自己的事情自己做

——培养孩子初步的责任心

责任心是人的综合素质的重要组成部分，具体表现为对自己负责、对他人负责、对社会负责等。具有责任心的人，能意识到自己的人生价值和责任，从而促使自己努力完善自我、奋发上进。缺少责任心的人往往以自我为中心，对其他事情都采取冷淡或置之不理的态度，他们随心所欲地做自己想做的事，不顾及他人的感受，也无法与他人建立良好的人际关系，长此以往，就会形成冷漠、自私等不良性格。

责任心不是与生俱来的，它需要在长年累月的生活中去经历和体会才能慢慢获得。培养孩子的责任心应循序渐进，先从自我服务能力开始，让孩子首先学会对自己负责，然后由己及人，逐步提高孩子承担责任的能力。

案例

最近，幼儿园中班在开展“我是值日生”活动。老师给所有的小朋友编号，大家按照号码顺序，每三个人为一组，做值日生，主要负责发餐具、擦桌子、分午点、整理图书和玩具等工作。

今天，萧萧、阳阳和悠悠都是值日生。午餐时，老师请值日生帮忙发餐具。阳阳和悠悠都很配合，唯独萧萧坐在座位上不动。老师提示说：“值日生应该为大家服务，帮大家做事情。”萧萧听了后，说：“我不想当值日生，我就想快点儿吃饭。”

放学后，老师和萧萧的妈妈沟通，才知道萧萧每天都让妈妈帮他穿衣服和鞋子、整理书包。他不想玩玩具了就随手一放，从不将玩具收纳起来。

案例分析

孩子的责任心不是先天就有的，而是在后天环境中逐渐培养的。孩子具有较强的责任心对其终身发展是十分重要的。所以，家长应重视培养孩子的责任心。案例中的萧萧已经上中班了，在家中还不能做好自我服务工作，需要妈妈帮他穿衣服和鞋子、整理书包、收纳玩具等；在幼儿园中，萧萧也不愿承担值日生的责任。为什么有的孩子缺乏责任心呢？主要有以下三个方面的原因。

一、孩子年龄小，注意力转移过快

孩子年龄小，注意力容易转移。有的孩子在一段时间内对某件事情感兴趣，也能把注意力集中于这件事情上，表现出一定的责任心。但是，由于其生理和心理发展不成熟，他们很容易被其他事情所吸引，将注意力转移到新的事情上，对之前的事情就不管不顾了。比如：孩子开始时对喂小金鱼很感兴趣，就会非常负责任地换水、喂鱼食，但是坚持几天之后，他又会将注意力转移到喂小鸡上面，不再管小金鱼了。如果家长没有关注到孩子的这些变化，不正确引导孩子的行为，就会使孩子因注意力转移过快而导致缺乏责任心。

二、家长不正确的教养方式

有的家长对孩子的事情总喜欢包办代替，即使是穿衣、吃饭等中班孩子力所能及的事情，家长也习惯帮忙做，这让孩子逐渐形成了依赖思想。其实，中班孩子已经具备了一定的自我服务能力，对于孩子能力范围之内的事情，家长应逐渐放手，让孩子自己做，慢慢培养孩子的自理能力，同时也培养孩子的责任心。还有的家长虽然意识到了从小培养孩子的自理能力和责任心的重要性，但在行动上没能坚持，只是偶尔想起来就提醒或者要求孩子，这样做不利于培养孩子的责任心。家长培养孩子初步的责任心需要从点滴小事做起，坚持不懈才能有好结果。

三、家长经常批评和训斥孩子

中班孩子受自身的发展水平所限，在生活、学习或其他活动中难免会出现一些问题，如弄坏玩具、摔碎东西等。当出现此类问题时，有的家长不问原因，就直接批评和训斥孩子，这就导致孩子再遇到类似问题时，会以逃避的方式避免承担过失和责任。另外，如果孩子的家庭氛围紧张，家人之间经常互相指责，孩子遇到问题也不敢主动说出来，这也不利于培养孩子的责任心。

了解孩子

下面这些内容可以用来了解孩子的责任心情况，家长可以对照这些内容观察孩子的行为，符合孩子行为的选“是”，不符合的选“否”。每题选“是”计1分，选“否”计0分。得分越高，说明孩子的责任心越强；得分越低，说明孩子在责任心方面存在问题，需要家长的帮助。

1. 知道自己的事情应该自己做。 是□ 否□

2. 主动承担家中的一些日常小任务，如摆放餐具、扔垃圾等。 是□ 否□

3. 能主动照料小生命，如喂小乌龟、小金鱼等。 是□ 否□

4. 摔坏东西后能主动承认自己的过失。 是□ 否□

5. 损坏他人的物品后，能主动承认并愿意赔偿。 是□ 否□

6. 主动收拾和整理自己的图书、玩具，并摆放整齐。 是□ 否□

7. 对于家长交代的事情，能认真做好，如每天为家人取报纸等。 是□ 否□

8. 能细心照顾来自己家玩的小朋友，并分享自己的食物和玩具。 是□ 否□

9. 知道节约用水、用电，不浪费。 是□ 否□

10. 爱护周围环境，不乱扔杂物，不踩踏草坪。 是□ 否□

11. 愿意改正自己的缺点和错误。 是□ 否□

12. 喜欢在幼儿园当值日生，为了做好值日生的工作，能早起去幼儿园。 是□ 否□

13. 在幼儿园能认真履行值日生的各项职责。 是□ 否□

建议

一、从自我服务能力开始，培养孩子的责任心

自我服务能力，即孩子能独自管理和照顾自己的能力。在家中，家长可以和孩子一起讨论哪些事情是可以自我服务的，如吃饭、穿衣、穿鞋、收拾玩具和图书等。对于列入自我服务范畴的事情，孩子应逐渐学

会独立完成。孩子通过自我服务，不仅可以提高动手能力，获得成就感，还可以养成做事负责的好习惯。

二、从为家庭承担责任开始，强化孩子的责任心

中班孩子可以做一些简单的日常家务，如摆碗筷、擦桌子、浇花、喂小动物等。通过这些家务劳动，强化孩子对家庭的责任心。另外，在家庭中也可以根据每个家庭成员的爱好和能力分配家务，并且让大家互相监督执行、评判。这样可以让孩子感受到家庭成员间的平等关系，孩子就会很高兴地参与家务劳动，并愿意承担自己对家庭应尽的责任。

三、在家庭生活中，增强孩子的责任感

在家庭生活中，家长应经常让孩子意识到自己的言行所产生的结果。比如，分配给孩子的家务，如果他没有完成，建议家长不要代劳，可以对孩子进行教育和引导，让孩子意识到家庭成员都需要为家庭服务，每个人都有责任，并且要勇于承担责任，从而增强孩子的责任感。如果家长对孩子每天完成的情况予以鼓励和肯定，孩子可能会产生“这个工作非常有意义，我应该努力把它做好”的责任感。

四、用具体言行明确孩子的责任

家长对于孩子的要求应具体、明确。如果家长提的要求不明确或一次任务过多，孩子就会无从下手或者产生畏难情绪。比如，有的家长会这样说：“快把你的房间收拾整齐，图书和玩具都要放好。”这样的要求就不太明确，孩子会感觉到收拾房间的任务太重了，不知道从哪里做起。家长可以换一种方式告诉孩子：“我们一起来收拾房间吧！把图书摆在一起，放到第一层书柜；把拼图收到盒子里，放到第二层玩具柜；

把这辆小卡车放进它的‘车库’。”有了这些明确的要求，孩子就知道怎么做，从而能愉快地完成这些任务。

五、多鼓励和表扬孩子

有时，孩子的责任心不能持久，家长可以采取多鼓励、多表扬的方式，让孩子学会坚持。比如，当孩子喂养小金鱼，新鲜感消失后就想“退出”时，家长要及时干预，可以和孩子做好约定，在孩子每次完成换水和喂养的任务后，家长会有物质奖励或口头表扬，以引导孩子养成负责的态度。

六、做好孩子的表率

班杜拉（A. Bandura）的社会学习理论认为，学习来自观察和模仿。对于孩子来说，他们会观察榜样的行为并加以模仿。家长是孩子的榜样，也是孩子的模仿对象，其一言一行都影响着孩子。所以，家长应明确自己的责任，做事认真负责，给孩子做好表率，才能更好地教育和影响孩子。

七、让孩子学会主动承担责任

在生活中，孩子会出现一些过失行为，比如，不小心打翻了别人的水杯，碰倒了其他孩子搭好的积木，等等。面对这些情况，家长可以先让孩子想想应如何承担责任，说说自己的处理办法，然后再和孩子一起解决。家长不应无原则地保护孩子，让孩子失去承担责任的机会，而应将孩子犯错当作家庭教育的契机，引导孩子对于自己的过失主动承担起责任。

大作业

第一阶段：家庭成员对培养孩子责任心的态度保持一致（2天）

此阶段主要是家庭成员重视培养孩子的责任心，在教育态度上保持一致。

1. 家庭成员一起讨论，对培养孩子责任心的态度保持一致。

2. 家庭成员讨论并制订培养计划：从孩子做好自我服务入手，到能为家庭服务，再到能长久坚持，最后到孩子学会为自己的行为负责。

第一天：

第二天：

第二阶段：指导孩子做好自我服务，培养其对自己负责的意识（7天）

此阶段主要是家长和孩子共同讨论并约定自我服务的内容，让孩子做好自我服务，引导孩子树立自己的事情自己负责的意识。

1. 家长和孩子约定自我服务的内容，在约定后要认真执行。

2. 家长监督孩子的行为，并记录出现的问题。

3. 家长采取奖励、肯定、赞扬等方式对孩子给予鼓励。

以下表格中的内容可供参考。家长应鼓励孩子认真、独立完成。孩子能主动做到的，画一面小红旗；经家长提醒后做到的，画一朵小红花；不能做到的，画一个三角形。

自我服务的内容	第一天	第二天	第三天	第四天	第五天	第六天	第七天
自己穿脱衣服和鞋，并摆放整齐							
独立进餐，主动收拾饭后残渣							
独立午睡，不用家长陪							
吃饭时，自己搬小凳子							
自己收拾玩具和图书							

家长总结和评价孩子的表现情况。

第三阶段：鼓励孩子在做好自我服务的同时，学会为家庭服务（7天）

此阶段主要是家长引导孩子在做好自我服务的同时，学会为家庭服务，承担一定的家庭责任，从而培养孩子对家庭的责任感。

1. 家长和孩子约定家庭服务的内容，在约定后要认真执行。

2. 家长监督孩子的行为，并记录出现的问题。

3. 家长采取奖励、肯定、赞扬等方式对孩子给予鼓励。

以下表格中的内容可供参考。家长应鼓励孩子认真、独立完成。孩子能主动做到的，画一面小红旗；经家长提醒后做到的，画一朵小红花；不能做到的，画一个三角形。

家庭服务的内容	第一天	第二天	第三天	第四天	第五天	第六天	第七天
喂养家中的小金鱼、小乌龟等							
进餐前摆放桌椅，进餐后收拾碗筷							
帮爷爷奶奶拿老花镜、报纸等							
倒垃圾							
浇花							

家长总结和评价孩子的表现情况。

第四阶段：开展角色游戏，体验不同角色的责任（5天）

此阶段主要是通过开展角色游戏，让孩子体验每个角色都有自己的责任，大家都应积极承担自己的责任。

家长和孩子一起开展角色游戏，如“过家家”“小小理发店”“开公交车”等游戏，让孩子分别体验当家长、理发师、司机的责任。

家长记录孩子的表现情况。

第一天：

第二天：

第三天：

第四天：

第五天：

第五阶段：创设让孩子负责的环境和机会（2天）

此阶段主要是家长创设让孩子负责的环境和机会，让孩子用实际行动承担责任。

家长可以利用周末请亲朋好友家的孩子来家里玩，请自己的孩子承担起照顾他人的责任。

家长记录孩子的表现情况。

第一天：

第二天：

第六阶段：巩固好习惯（7天）

完成以上阶段后，仍要坚持和巩固。孩子做得好时，家长要给予表扬、鼓励和记录，强化孩子的责任心，以达到更好的效果。家长还可以将记录的内容读给孩子听。

家长记录孩子的表现情况和行为变化。

第一天：

第二天：

第三天：

第四天：

第五天：

第六天：

第七天：

第五课

我是好样的

——帮助孩子建立自信心

自信心是个体根据对自己的能力、品格等的肯定评价而产生的信任自己的情感。它是一种积极的情绪状态，也是一种重要的心理品质。

自信心对孩子的身心健康和各方面能力的发展都起到重要的作用，它能促使孩子积极参加各项活动、愿意与人交往，形成乐观、勇敢等良好的品质。有研究表明，孩子的自信心随年龄的增长而发展，中班是孩子自信心发展较快的时期。所以，家长应重视培养中班孩子的自信心。

案例

周末，爸爸妈妈带文文去参加朋友聚会，一家人高高兴兴地来到饭店。家长们聚在一起聊天，孩子们也很快熟悉了，并玩起了“过家家”游戏。

文文加入了大家的游戏。过了一会儿，文文跑过来对妈妈说：“我不想和他们玩了。”妈妈问：“为什么啊？”文文说：“我们的游戏中缺少一个小宝宝，大家都让我演，我觉得自己演不好。”妈妈说：“你可以先试试，试过之后才知道演得好不好。”可是，文文还是没有过去。

饭后，有的家长提议孩子们轮流表演节目，展示一下自己的特长。于是，强强唱了一首儿歌，君君讲了一个故事，婷婷跳了一段舞。轮到文文了，他赶快躲到妈妈身后，不管妈妈怎么鼓励他都无济于事。

案例分析

孩子拥有自信心，对其今后的学习、工作和生活都会产生积极的影响。但在现实生活中，我们发现有好多孩子缺乏自信心，遇到问题采取退缩的态度，不敢表现自己。案例中的文文是一个缺乏自信心的孩子，他不敢在公共场合表现自己，总是担心出错。对于这样的孩子，如果家长不及时给予正确的引导，将会对孩子的身心发展带来不利影响。那么，孩子为什么会缺乏自信心呢？原因主要有以下四个方面。

一、家长包办过多

有的家长认为孩子年龄小，很多事情不会做，常常包办代替。即使是中班孩子力所能及的事情，家长也不肯放手让孩子去做。孩子在家长的溺爱下缺少锻炼自己的机会，在心理上产生依赖，自理能力较差。在遇到事情时，孩子会觉得自己什么都做不好，从而产生“我不如其他人”的自卑心理，这些都影响了孩子建立自信心。

二、孩子有失败的经历

成功的体验能给人带来自信心，失败的体验则可能影响人的自信心。孩子缺乏自信心可能与之前的失败经历有关，比如，孩子在集体活动中或与同伴交往时，有过失败的经历，又没得到家长和老师及时的引导和帮助，从而使孩子的自信心受挫。

三、家长对孩子的期望过高

很多家长都对孩子的未来寄予了希望。他们对孩子的期望过高，超出了孩子的身心发展水平；他们过度关注孩子做事的结果，忽视了孩子在过程中的体验和收获，当孩子做不好时，他们就会以严厉的态度批评和训斥孩子。家长的这些做法都会导致孩子有挫败感，总觉得自己达不到家长的期望，进而影响其自信心。

四、家长对孩子的评价不当

中班孩子的自我评价发展水平还不高，他们对自我的认识和评价主要来自他人。因此，周围人尤其是同伴和家长对孩子的评价，就成为孩子认识自我的重要参考。有的家长对孩子过度的夸奖和赞美，往往使孩子对自己产生良好的、高于实际的认识，一旦孩子遭受挫折时，这种过度的夸奖和赞美就与现实情况发生了冲突，会让孩子对自我产生怀疑，从而陷入自我否定之中。还有的家长对孩子评价过低，对于孩子的良好行为没有给予合适的鼓励，让孩子产生失落感，觉得自己总是得不到家长的肯定。由此可以看出，家长的评价方式会影响孩子的自信心。

了解孩子

下面这些内容可以用来了解孩子的自信心情况，家长可以对照这些内容观察孩子的行为，符合孩子行为的选“是”，不符合的选“否”。每题选“是”计1分，选“否”计0分。得分越高，说明孩子的自信心越强；得分越低，说明孩子在自信心方面存在问题，需要家长的帮助。

1. 认为自己是受欢迎的孩子。　是☐　否☐
2. 性格开朗活泼，经常主动表演节目、讲故事等。　是☐　否☐
3. 看到同伴遇到难题时，会主动说：“让我来试试。”　是☐　否☐

4. 在学习或游戏活动中，面对失败或挫折时不气馁。 是☐ 否☐

5. 在与同伴比赛时，有必胜的信念。 是☐ 否☐

6. 为了取得成功，相信自己能克服困难。 是☐ 否☐

7. 在活动中，总觉得自己表现得比其他人好。 是☐ 否☐

8. 经常向家长或老师表达自己的想法。 是☐ 否☐

9. 当有人要求自己唱歌或跳舞时，能大方地表演。 是☐ 否☐

10. 喜欢做有难度的事情。 是☐ 否☐

建议

一、做自信的家长

家长对孩子的发展起着潜移默化的作用。如果家长期望孩子成为一个自信的人，那么家长应起到表率作用，让自己先成为一个自信的人。自信的家长往往能带给孩子更多的安全感。在遇到问题时，家长总是不畏艰难，积极应对，这种自信的态度会传递给孩子，使其在耳濡目染中自信起来。

二、重视和保护孩子的自信心

自信心较强的孩子能对自己所从事的活动充满信心，而缺乏自信心的孩子则不愿意参加集体活动，不敢在公共场合表现自己。如果孩子缺乏自信心，家长应采用多称赞、少责备的方法，重视和保护孩子的自信心，如：“加油，你一定行”“你肯定会做得特别好”，通过语言激励孩子，帮助孩子建立自信心。

三、鼓励孩子积极参加各项活动

家长应根据孩子的发展特点和个性特征，鼓励孩子积极参加各项活动，特别是适当地参加一些具有挑战性的活动。家长应多关注孩子参加活动的过程，不要太注重活动的结果，因为参加活动的过程就是锻炼孩子的勇敢、自信等心理品质的过程。对于孩子来说，他们在活动过程中获得的情感体验比结果更重要。家长可以在家中开展“闯关大冒险”游戏，设置一系列任务让孩子挑战，如果孩子闯关成功，就可以给其一定的物质奖励。此外，针对自信心不强的孩子，家长也可以和老师沟通，给孩子安排一些日常的班级工作，比如带领小朋友活动、给大家发玩具、当报餐员等，在实践活动中逐步培养孩子的自信心。

四、接纳孩子的失败

面对孩子的失败，家长不应盲目地斥责或惩罚孩子，应先接纳孩子的失败，然后以平和的心态和孩子一起分析，帮助孩子找出失败的原因，最后鼓励孩子继续努力，争取成功，这样才能让孩子重拾自信心。比如，孩子在幼儿园的讲故事活动中没有获奖，回家后闷闷不乐，此时家长应先肯定孩子积极参加活动的态度，再问问孩子是哪些原因造成的，是上台太紧张，还是准备不充分。分析原因之后，和孩子共同讨论下次再有这样的活动，应该从哪些方面努力，这样孩子会逐渐建立自信心。

五、对孩子的评价应适宜

家长对孩子的评价应适宜，过高或过低的评价都是不可取的。因为过高的评价容易使孩子盲目自信，从而产生骄傲自满的心态；过低的评价容易使孩子失去自信心，不敢大胆地表现自己。所以，家长的评价应适宜，不作过多的、不切实际的评价，最好能进行有针对性的评价，让孩子知道哪些方面做得好，哪些方面还需要改进和提升。在评价时，家长应避免走入误区，比如，有的家长为了培养孩子的自信心，只要孩子表现积极、自信大方，就给孩子买玩具、买衣服等，频繁的物质奖励不但对培养孩子的自信心无益，反而会让孩子养成为了奖励去做事的习惯。

六、帮助孩子正确认识自己和他人

孩子在社会化的过程中，会无形地与他人进行比较，比如，放学回到家时，家长会经常听到孩子说，谁讲故事讲得好，谁跳舞特别棒。如果孩子出现类似的情况，家长应及时引导孩子，告诉孩子："每个人都有优点和缺点，你可能不会跳舞、讲故事，但是你会唱歌、弹琴，你也是很棒的！"家长通过这样的方式，可以帮助孩子正确认识自己和他人，助力孩子建立自信心，避免产生自卑心理。

七、对孩子的期望和要求要合理

家长应了解孩子的身心发展特点和规律，根据孩子的能力和特点提出合理的期望和要求。如果家长的期望和要求太高，会使孩子觉得实现起来过于困难，压力太大，导致其缺乏自信心，进而放弃努力。如果家长的期望和要求太低，甚至没有要求时，孩子就会内驱力不足，难以集中精力做好事情，也不利于孩子形成良好的性格。所以，家长要根据孩子的现实情况，给孩子设定一个合理的期望值。

大作业

第一阶段：分析、判断孩子的自信心情况（2天）

此阶段主要是家长对孩子的自信心情况进行客观分析和判断。家长还可以与幼儿园老师沟通，了解孩子在幼儿园中的情况。针对孩子的情况，家长进一步分析自己在教育孩子时哪些方面做得好，哪些方面做得不好。

1. 家庭成员坐在一起分析、判断孩子的自信心情况。

2. 家庭成员讨论、制订培养计划：从家长欣赏和接纳孩子入手，到帮助孩子提高基本能力，进而能在公共场合大胆表现自己，最后使孩子增强自信心。

第一天：

第二天：

第二阶段：欣赏和接纳孩子（7天）

此阶段主要是家长欣赏和接纳孩子，帮助孩子获得积极的自我肯定，从而建立自信心。

1. 当孩子成功时，家长应给予认可和肯定。比如，孩子完整、流畅地讲完故事后，家长可以夸奖孩子："通过你讲的故事，我知道了故事的内容，知道了这个故事中都有谁，以及他们做的事情。你真棒！"

2. 当孩子遇到挫折时，家长应给予具体的指导和帮助。比如，孩子因不会折纸飞机而气馁时，家长可以鼓励孩子，并通过示范帮助孩子掌握折纸技能，指导孩子完成作品。

3. 当孩子做错事时，家长不要指责和批评，要帮助孩子分析原因，提出改进措施。

家长记录孩子的表现情况和自己的做法。

第一天：

第二天：

第三天：

第四天：

第五天：

第六天：

第七天：

第三阶段：丰富孩子的经验，帮助孩子提高基本能力（7天）

此阶段主要是家长根据幼儿园的生活和学习内容，在家中对孩子的语言表达能力、自我表现能力、运动能力、分析能力等进行指导，让孩子提高这些基本能力。

1. 提高孩子的语言表达能力：家长可以利用接送孩子上幼儿园的机会，让孩子把路上的见闻讲给家长听，也可以讲幼儿园的趣事。

2. 提高孩子的自我表现能力：家长鼓励孩子表演学过的歌曲、舞蹈等。这样既可以帮助孩子复习和巩固在幼儿园学到的技能，又可以提高孩子的自我表现能力，建立孩子的自信心。

3. 提高孩子的运动能力：家长和孩子一起进行体能锻炼，如跨跳、拍球、跳圈等，既可以锻炼孩子的身体，又可以提高孩子的胆量，增强其自信心。

4. 提高孩子的分析能力：家长和孩子一起分析和评价自己和他人，使孩子认识到每个人都有优点和不足，应扬长避短，做一个快乐、自信的孩子。

以下表格中的内容可供参考。家长需要在表格中记录孩子的表现情况，孩子能完成的画“✓”，不能完成的画“×”。

内容	第一天	第二天	第三天	第四天	第五天	第六天	第七天
讲述去幼儿园和回家路上的见闻							
讲述在幼儿园的趣事							

续表

内容	第一天	第二天	第三天	第四天	第五天	第六天	第七天
给家长表演在幼儿园所学的歌曲、舞蹈							
走、跑、跳等体能项目的练习和展示							
评价自己的优点和缺点							
评价同伴的优点和缺点							

家长总结和评价孩子的表现情况。

第四阶段：鼓励孩子在公共场合大胆表现自己（7天）

此阶段主要是家长为孩子创设在公共场合大胆表现的机会，锻炼孩子的胆量，增强其自信心。家长可以让孩子做自我介绍、表演节目等，要求孩子语音清晰、声音洪亮、自信大方。

以下表格中的内容，在开始时由家长和孩子合作完成，再逐渐过渡到让孩子独立完成。家长在表格中记录，孩子能完成的画“✓”，不能完成的画“×”。

内容	第一天	第二天	第三天	第四天	第五天	第六天	第七天
在家人面前表现自己							
在亲朋好友面前表现自己							
在有陌生人的场合表现自己							

家长总结和评价孩子的表现情况。

第五阶段：让孩子体验成功感，增强自信心（7天）

此阶段主要是让孩子体验成功带来的快乐和自信。家长可以根据孩子的兴趣和发展水平设计一些趣味比赛，孩子、家长和其他人都可以参加。通过这些比赛，让孩子体验成功感，增强自信心。

家长可以根据需要选择以下项目。

时间	比赛内容	孩子在比赛中的情况
第一天	自我服务	
第二天	智力拼图	
第三天	拍球	

续表

时间	比赛内容	孩子在比赛中的情况
第四天	折纸	
第五天	讲故事	
第六天	唱歌	
第七天	跳舞	

家长总结和评价孩子的表现情况。

第六课

我能等

——培养孩子的自制力

自制力是人的一种意志品质，即能主动控制和支配自己的心理和行动的能力。自制力强的人往往意志比较坚定，能控制冲动情绪，做事情更有耐心和毅力；自制力差的人通常无法很好地进行自我管理，遇事容易冲动、暴躁、拖延，在做决定时犹豫、害怕等。

自制力是从孩子的学前阶段开始形成并逐渐发展起来的，它对于孩子形成良好的品格起着重要的作用。家长要重视培养孩子的自制力，从日常生活的点滴做起。

案例

最近，幼儿园新添置了两个户外秋千。中班的孩子都喜欢荡秋千，但是每次玩都要排队等很久。老师发现这个情况后，就和孩子们一起制订了规则：每人只能玩十下，然后换人。

今天，孩子们都在有序排队等着荡秋千，圆圆排在了最前面。突然，航航跑了过来，他直接站在圆圆旁边，想把圆圆挤走，第一个玩。老师看到后，提醒他：“你要按次序来，要学会耐心等待。”航航听完，一脸地不高兴，噘着嘴排在了最后面。过了一会儿，他开始跺脚，并大声地喊道：“怎么还没轮到我？你们快点儿啊，一个个慢的像蜗牛。”后来，他还想跟前面的萱萱换位置，萱萱不肯，他就揪萱萱的小辫子，惹得萱萱哇哇大哭。

案例分析

孩子的自制力随着年龄的增长逐渐增强。不同年龄的孩子在自制力方面具有不同的表现：3~4岁的孩子自制力较差，不能很好地控制自己的行为，比较喜欢做自己感兴趣的事；4~5岁的孩子具有了一定的自制力，有控制冲动的意识，能开始控制自己的行为；5~6岁的孩子自制力有了较快的发展，能主动控制自己的行为，并能按照要求做事。案例中的航航上中班，按说已经具备了一定的自制力，但是他的一系列行为，如不按次序排队、不能耐心等待、大声喊叫等正是缺乏自制力的表现。孩子自制力差的原因主要有以下四个方面。

一、孩子身心发展不成熟

中班孩子由于年龄小，身心发展不成熟，容易出现情绪不稳定、随意性较强等现象。在某些情况下，他们不能较好地控制自己的情绪和行为，对于不感兴趣的事情，他们会出现抗拒心理，注意力很容易转移到其他事情上。还有的孩子会表现出不能耐心等待、做事半途而废、拖延等，这些都是孩子身心发展不成熟的表现。

二、孩子的需求太容易得到满足

在孩子的生活和成长过程中，家长可以满足孩子合理的、必要的需求。但是，有的孩子由于备受家长溺爱，导致其从小成长在没有约束的环境中，慢慢地就形成了不想有任何等待、克制和约束，自己有需要就得即刻得到满足的情形，这会让孩子养成任意而为的心态。当家长再去培养孩子的自制力时，就会比较困难。所以，当孩子的需求太容易得到满足时，反而不利于培养孩子的自制力。

三、家长错误的教育观念

有的家长认为孩子还小，自制力差是正常的，随着年龄的增长，孩子的自制力会改变，不需要家长作过多的要求，所以在学前阶段不重视培养孩子的自制力。其实，这种想法是错误的，因为3~6岁是引导孩子养成良好品格的重要时期，家长应有意识地培养孩子的自制力，这对于孩子今后的社会性发展具有重要意义。

四、家长不科学的教养方式

孩子的自制力离不开家长在日常生活中的教育和引导，但是在现实生活中，家长会存在一些不科学的教养方式，如：有的家长对于孩子不遵守社会规则的行为置之不理；有的家长经常在孩子画画时递给他一盘水果，或者在孩子看书时让他喝水；还有的家长让孩子边吃饭边玩玩具；等等。这些做法都让孩子在无意间养成了不良习惯，不利于培养孩子的自制力。

了解孩子

下面这些内容可以用来了解孩子的自制力情况，家长可以对照这些内容观察孩子的行为，符合孩子行为的选“是”，不符合的选“否”。每题选“是”计1分，选“否”计0分。得分越高，说明孩子的自制力越强；得分越低，说明孩子在自制力方面存在问题，需要家长的帮助。

1. 具有良好的作息习惯，每天按时起床和睡觉。 是☐ 否☐
2. 能克制自己的饮食偏好，不挑食，不偏食。 是☐ 否☐

3. 遵守家长规定的看电视时间，到结束时间就能停止看电视。 是□ 否□

4. 阅读时能安安静静并持续10分钟以上，且不受他人影响。 是□ 否□

5. 每次玩完玩具都能收拾整理，放回原处。 是□ 否□

6. 向家长提出的要求没得到满足时，能控制自己的情绪，认真听家长解释。 是□ 否□

7. 画画到一半时遇到一些困难，但能坚持画完。 是□ 否□

8. 正在家里看书时，突然有同伴邀请自己出去玩，会把书看完后再出去。 是□ 否□

9. 为了实现自己的目的，可以抵制眼前的诱惑。 是□ 否□

10. 在幼儿园中经常被老师夸奖：遵守常规，自制力强。 是□ 否□

建议

一、了解中班孩子的身心发展特点和规律

家长要培养孩子的自制力，首先应该了解中班孩子的身心发展特点和规律，以使家庭教育更符合孩子的实际情况。孩子的行为一般是从兴趣出发的，如果孩子对某些事情感兴趣，他就愿意做，并能坚持很长时间。所以，家长在家庭教育的过程中，应注意将孩子的兴趣和教育目的相结合，让孩子在玩中学、做中学，逐渐意识到活动的目的和意义。这是培养孩子自制力的有效的教育方法。

二、发挥榜样的作用

孩子是家长的一面镜子，从孩子身上可以看出家长的品格。在生活中，孩子最容易模仿的对象就是家长，家长的自制力情况会直接影响孩子。有的家长脾气暴躁、做事冲动，孩子在这样的家庭环境中生活，也会变得缺乏自制力。还有的家庭关系紧张，家庭成员之间经常吵架，长此以往，孩子会觉得吵架是解决问题的一种方式。在孩子遇到一些问题时，他们也会选择用争吵宣泄情绪，难以控制自己。所以，家长应先保持情绪稳定、做事沉稳，才能培养孩子的自制力。

三、对孩子的教育态度要一致

孩子自制力的培养不是一蹴而就的，需要长时间的锻炼和培养。在家庭教育中，家庭成员的教育态度一致，对于孩子培养自制力、形成健全的人格能起到积极的作用。但是，有些与长辈生活在一起的家庭，家庭成员在教育观念和教养行为方面可能出现不一致的情况，比如，父母要求孩子看完书再出去玩，爷爷奶奶可能就会心疼孩子，认为玩是孩子的天性，没必要总是看书，就放任孩子自由玩耍。这种不一致会使孩子觉得有空子可钻，从而选择对自己有利的事情去做。如果孩子形成了这种心态，就很难养成较强的自制力。所以，家庭成员的教育态度一致很重要。

四、注重培养孩子良好的生活习惯

对于中班孩子来说，良好的生活习惯是孩子的自制力形成和发展的关键。所以，家长培养孩子的自制力应先从培养孩子良好的生活习惯开始。家长可以先要求孩子有规律的生活，在规定的时间内完成计划好的事情，并且做事不拖延，如按时起床、吃饭、睡觉、阅读、玩耍等。经过一段时间的训练，家长可以放手，鼓励孩子进行自我管理，自觉地做事。此时，家长只需要扮演观察者和监督者的角色。如果在此过程中，孩子出现懈怠思想或想半途而废时，家长应及时引导和教育孩子，帮助孩子克服心理障碍，让孩子认真做好每件事，逐渐将自律变成一种习惯。

五、善用方法和策略

好的方法和策略能调动孩子做事的积极性，让孩子乐于做事。因此，家长在培养孩子的自制力时要善用方法和策略，可以采用以下方法。

第一，约定法。家长根据孩子的性格特点，和孩子做好约定，如吃饭时不看电视、每天看动画片的时间不超过30分钟、去超市只买指定的东西等。如果孩子不遵守约定，就会受到相应的惩罚。

第二，延迟满足法。延迟满足指个体为了长远利益而主动延缓当前的需要。家长使用延迟满足法能让孩子学会等待，并在等待的过程中学会平复焦躁情绪、抵制诱惑等，这个方法能有效地培养孩子的自制力。家长在日常生活中应有意识地培养孩子凡事不要着急，要耐心等待的好习惯。家长可以在不影响孩子身心健康发展的前提下，适当地把孩子的一些合理要求进行延迟满足，比如，当孩子要去公园玩时，家长可以说："等一等，别急，我们把家里的卫生做好后再去。"

第三，比赛法。这个方法可以在家长和孩子间使用，也可以邀请孩子的好朋友来家里一起参加。比如，在家中开展"比比谁的阅读时间长""看看谁画画最认真"等活动，让孩子在游戏化、具体化的情境中培养和增强自制力。

六、帮助孩子客观认识自我

认识自我是培养自制力的前提。只有客观认识自我，才能更好地约束自我。为了引导孩子客观认识自我，家长可以提前准备一张大画纸和若干水彩笔，先让孩子画出自己，然后在自己的两侧分别画一棵大树和一棵小树的轮廓，接下来孩子需要先想想自己的优缺点有哪些，想好之后将优点画在大树上，缺点画在小树上。家长提醒孩子用简笔画示意即可。等孩子画完，家长和孩子开展谈心活动，让孩子先做自我介绍，再根据图画说说自己的优点有哪些，缺点有哪些，对于优点应如何保持，对于缺点应如何改善。家长利用图画内容，直观、形象地告诉孩子应扬长避短，怎样做才能让大树变得更大、小树变得更小。

七、不迁就孩子缺乏自制力的行为

在日常生活中，孩子会经常提出各种要求。家长对于这些要求，应先分析其是否合理，然后区别对待：对于孩子的合理要求，家长应尽量满足和支持；对于孩子的不合理要求，家长要说服教育、不迁就。家长应始终坚持这一原则，这样才能让孩子懂得自己可以在一定限度内提合理要求，但是不能逾越。比如，家人一起逛超市，如果孩子想买玩具，家长可以明确告诉孩子：只能买一个。当孩子想买两个或更多玩具时，家长应拒绝，并对孩子进行教育。总之，面对孩子缺乏自制力的行为，家长不应迁就和妥协。

八、在积极引导的基础上合理约束孩子的行为

中班孩子由于年龄小，在一定程度上自制力较差，需要家长在积极引导的基础上合理约束孩子的行为。比如，孩子正在画画，画到一半时遇到了一些困难，或者被周围的其他事物所吸引，他就想把未完成的画

扔到一边，这时家长应教育孩子坚持把画画完。再如，孩子正在家里看书，突然有同伴邀请他出去玩，孩子很有可能会立即放下书就跑出去，这时家长就应加以制止，要让孩子把书看完后再出去玩。家长这样做，孩子可能会不高兴，甚至吵闹。即使如此，家长也不能让步，要坚持按原则办事。在处理这些情况时，家长不能简单、粗暴地训斥孩子，让孩子按照自己的意志和要求去做事，而应当在孩子能理解的范围内，耐心地进行引导和教育，让孩子明白做事要持之以恒，要有自制力，不能半途而废。

大作业

第一阶段：分析孩子的自制力情况并制订计划（2天）

此阶段主要是家庭成员分析孩子的自制力情况，重点针对孩子在自制力方面存在的具体问题制订培养计划，比如，孩子不能控制看电视的时间，则以让孩子学会控制看电视的时间为主要训练内容。

1. 家庭成员客观分析孩子的自制力情况。

2. 家庭成员在制订计划时突出重点培养的方面。首先从培养孩子的自制力意识和态度入手，再从制订规则、良好的作息规律、在集体活动中学会自制等方面来培养孩子的自制力。

第一天：……………………

……………………

第二天：……………………

……………………

第二阶段：培养孩子的自制力意识和态度（3天）

此阶段主要是家长给孩子讲故事，使孩子意识到成功之路不是一帆风顺的，需要不断地克服困难、自我约束和自我克制。

1. 家长可以自编一些主人公由于具有较强的自制力进而克服困难，最后取得成功的故事，每天晚上睡觉前讲给孩子听。

2. 家长每天讲新故事前，请孩子回顾一下前一天的故事内容，说说主人公为什么最后能成功。如果主人公没有自制力，结果会怎么样？

3. 家长可以和孩子一起复述故事。

家长记录孩子的表现情况和感受。

第一天：

第二天：

第三天：

第三阶段：制订规则，重点培养孩子的自制力行为（7天）

此阶段主要是家长和孩子商量，制订一些必要的规则，让孩子在活动中遵守和执行，以重点培养孩子的自制力行为。

1. 家长和孩子一起商量，制订孩子每天活动的规则。家长以此为标准，观察孩子的执行情况。

2. 家长根据孩子的自制力欠缺的方面制订有针对性的培养计划，然后坚持练习和纠正。家长应采取鼓励、表扬的方式，以达到培养孩子的自制力的目的。比如，孩子在阅读方面自制力较差，家长就可以与孩子约定好每天阅读的时间，并将此时间段固定下来。再如，孩子喜欢看电视，家长可以让孩子从喜欢的节目中选择1~2个，并且对孩子看电视的时长要有所控制。

以下表格中的内容是针对孩子的自制力设计的，可供参考。家长应鼓励孩子认真、独立完成。孩子能主动做到的，画一面小红旗；经家长提醒后做到的，画一朵小红花；不能做到的，画一个三角形。

内容	第一天	第二天	第三天	第四天	第五天	第六天	第七天
早晨能按时起床							
晚上能按时睡觉							
能克服不良的饮食习惯，不挑食，不偏食							
能将看过的图书、玩过的玩具放回原处							
阅读时注意力集中，能持续阅读10分钟以上							
能耐心听完故事							
能在规定时间看电视，到结束时间关电视							

家长总结和评价孩子的表现情况。

第四阶段：保持良好的作息规律，培养孩子的自制力（8天）

此阶段主要是家长引导孩子周末在家保持良好的作息规律，帮助孩子解决赖床、自由散漫、生活不规律等问题，从而达到培养孩子的自制力的目的。

1. 家长先请孩子认同幼儿园的作息规律，再引导孩子同意在幼儿园和在家时要做到一样。

2. 一个月内的4个周末均如此，共计8天，最后加以比较。

家长记录孩子的表现情况。

第一周

周六：

周日：

第二周

周六：

周日：

第三周

周六：

周日：

第四周

周六：

周日：

第五阶段：培养孩子在集体活动中的自制力（5天）

此阶段主要是家长引导孩子树立集体意识，遵守集体规则，培养孩子在集体活动中的自制力。

1. 家长和幼儿园老师联系和沟通，请老师关注孩子在集体活动中的自制力情况。

2. 对于孩子表现好的方面，家长应给予肯定和赞扬；对于孩子表现不好的方面，家长应对孩子进行引导和教育。

以下表格中的内容可供参考。孩子能主动做到的，画一面小红旗；经老师提醒后做到的，画一朵小红花；不能做到的，画一个三角形。

内容	第一天	第二天	第三天	第四天	第五天
户外活动时，整齐排队，紧跟老师					
与小朋友发生矛盾时，不争吵，不动手					
自己的要求没有得到满足时，能安静等待					
学习、游戏时，能按照老师的要求，不违反规则					
等待家长来接时，能保持安静					
在同伴游戏中不争抢，会轮流和等待					
回答问题时，会举手，不抢答					

家长总结和评价孩子的表现情况。

第六阶段：了解孩子目前的自制力情况，并制订后续的计划（5天）

经过前几阶段的教育和培养，孩子的自制力情况可能会有所变化。在本阶段，主要是将第三阶段和第五阶段中的表格内容合并，再次呈现给家长，以了解孩子目前的自制力情况。

家长根据孩子的表现打分，1分说明表现较差，2分说明表现一般，3分说明表现较好，4分说明表现很好。孩子5天的总得分越高，说明家长对孩子的教育和培养越有成效，孩子的自制力有了很好的发展；总得分越低，说明家长还要继续指导和帮助孩子。在此基础上，家长可以制订后续的计划。

内容	第一天	第二天	第三天	第四天	第五天
早晨能按时起床					
晚上能按时睡觉					
能克服不良的饮食习惯，不挑食，不偏食					
能将看过的图书、玩过的玩具放回原处					
阅读时注意力集中，能持续阅读10分钟以上					
能耐心听完故事					
能在规定时间看电视，到结束时间关电视					
户外活动时，整齐排队，紧跟老师					

续表

内容	第一天	第二天	第三天	第四天	第五天
与小朋友发生矛盾时，不争吵，不动手					
自己的要求没有得到满足时，能安静等待					
学习、游戏时，能按照老师的要求，不违反规则					
等待家长来接时，能保持安静					
在同伴游戏中不争抢，会轮流和等待					
回答问题时，会举手，不抢答					

家长总体评价孩子的自制力情况。

家长制订后续的计划。

第七课

危险的事情我不做

——培养孩子的安全意识

安全是人类的基本需求。安全就是生命，孩子的安全关乎每个家庭的未来和幸福。所以，孩子的安全教育就成了儿童教育的重要内容。

在日常生活中，儿童安全事故时有发生，如爬高时的意外坠落、误食有毒物品、溺水、摔倒、触电等。这些安全事故值得我们深思。

当伤害发生时，家长经常会责备自己看管不力。其实，家长应该思考如何培养孩子的安全意识，如何做好预防工作，防患于未然。家长只有教会孩子认识到什么是危险，以及遇到危险时应该怎么做，从根本上强化孩子的安全意识，提高自我保护能力，才能更好地避免安全事故的发生。

案例

浩浩四岁半了。有一天下午，妈妈带他到邻居家与亮亮一起玩。刚玩了一会儿，他便惹出许多麻烦：亮亮家有很多大型积木，浩浩和他一起玩“搭城堡”游戏，他们搭得很高，搭完后浩浩就开始在城堡里钻来钻去，结果城堡倒了，把浩浩的头砸了个包；过了一会儿，浩浩趁家长不注意，又把亮亮家的药品箱拿出来玩“开医院”游戏，还把许多小药片塞到了插座的插孔里。整个下午浩浩都在不停地琢磨着新花样，越是家长不让他动的东西，他越是按捺不住地想一探究竟，结果一连弄出许多状况。这让家长非常担心，也非常头痛。

案例分析

安全是个体生存的基本保障，也是个体健康成长、快乐生活的重要前提。中班孩子的动作能力有了较好的发展，对任何事情都有强烈的好奇心和探索欲，模仿力也很强，然而由于他们的生活经验和社会阅历较少，安全意识也较差，他们常常会惹出一些麻烦。这时候，家长应给予孩子科学的引导和教育，这样既能保护孩子的探索欲和求知欲，又能帮助其树立安全意识，提高自我保护能力，使其远离危险。案例中浩浩的安全意识比较差，他的一系列行为都可能带来安全问题。孩子安全意识较差的原因主要有以下五个方面。

一、孩子有较强的好奇心和探索欲

随着孩子年龄的增长和生活经验的丰富，他们对周围生活中的各种事物都很好奇，这属于正常现象，这是孩子认识环境、了解世界的重要方式之一。比如，孩子会想："电视里为什么会有人说话？谁在里面藏着呢？拆开看看吧！""水壶里的水为什么会冒烟呢？"如果孩子的好奇心得不到满足，对一些生活中的问题得不到答案，他不仅会不停地追问"为什么"，还会寻找机会一探究竟。由于孩子年龄小，对事后的危险预估不足，这样就会有安全隐患。

二、孩子的自我保护能力差，缺乏必要的安全知识

孩子天性爱玩、好动，有时与同伴一起玩，他们还会互相启发和创新，创造出一些新玩法。他们在游戏中只会沉浸于当前的乐趣，不会考虑后果。由于孩子的自我保护能力差，又缺乏必要的安全知识，他们往往会发生磕碰、烫伤、异物卡喉等意外伤害，比如，孩子不知道在鼻孔

中塞入异物会引起窒息甚至危及生命，才会因为好奇、贪玩把捡来的小东西塞入鼻孔。诸如此类，这些都是家长没有教给孩子一些必要的、基本的安全知识造成的。

三、孩子喜欢模仿

模仿是孩子的一种学习方式。对于年幼的孩子来说，由于知识经验少，他们不能把影视剧中的事件和现实生活区别开来，因而孩子在玩耍时，常常盲目模仿电影、电视剧中的人物或情节，如：练习飞檐走壁，称自己是刀枪不入的外星人，模仿孙悟空腾云驾雾，等等。孩子的模仿行为也可能带来安全问题。

四、家长的教育方式简单、粗暴

有的家长对于孩子的好奇心和行为，不是给予正确的引导和教育，而是简单、粗暴地制止；有的家长出于安全考虑，只是简单地命令孩子“不许动”，对孩子缺乏耐心地说服和解释。比如，家长不让孩子乱动某个东西，又不告诉孩子原因，这样反而会使孩子产生更强的好奇心，孩子不禁会想：“为什么不让我动？等爸爸不在家时，我一定去摸一摸，试试看。”家长简单、粗暴的教育方式在一定程度上增加了安全隐患。

五、孩子不知道安全标志的含义

孩子不认识周围生活中一些常见的安全标志，不知道其代表的含义。如果家长没有给孩子介绍过这些标志所代表的含义，孩子在日常生活中不按照标志行事，也可能会发生危险。

了解孩子

下面这些内容可以用来了解孩子的安全意识情况，家长可以对照这些内容观察孩子的行为，符合孩子行为的选“是”，不符合的选“否”。每题选“是”计1分，选“否”计0分。得分越高，说明孩子的安全意识越强；得分越低，说明孩子在安全意识方面存在问题，需要家长的帮助。

1. 与同伴玩耍时，不抢夺玩具，不冲撞他人。 是□ 否□
2. 在户外跑动时，眼睛向前看，不低着头跑。 是□ 否□
3. 不把玩具套圈、塑料袋等套到脖子上或头上玩耍。 是□ 否□
4. 与同伴玩沙子时，不乱扬沙子。 是□ 否□
5. 荡秋千时，知道两手紧握秋千绳，不荡得太快、太高。 是□ 否□
6. 玩滑梯时，知道身体坐稳、两腿伸直，不头朝下滑滑梯。 是□ 否□
7. 做手工时，能安全使用和正确传递剪刀。 是□ 否□
8. 知道火警电话119、急救电话120、报警电话110的用处。 是□ 否□
9. 不乱动家里的药品、电器、灶具等。 是□ 否□
10. 不乱摸花草树木。 是□ 否□
11. 饭前和饭后不做跑、跳等剧烈运动。 是□ 否□
12. 不到危险的场所玩耍，如高压电箱旁、河边、湖边等。 是□ 否□
13. 不钻爬各种护栏。 是□ 否□
14. 不随便捡地上的东西。 是□ 否□

15. 外出时紧跟家长，不乱跑。 是□ 否□

16. 不跟陌生人走，不吃陌生人给的食物。 是□ 否□

17. 不轻易把家中的电话号码等相关情况告诉陌生人。 是□ 否□

建议

一、教给孩子一些基本的安全知识

生活中潜在的不安全因素来自各个方面，比如生活中的燃气、水、电、火，不法分子的抢劫、拐骗等。家长要在日常生活中反复告诉孩子需要注意的问题，给孩子讲一些预防的方法，以及发生意外时应该采取的自救措施。家长可以从以下三个方面入手。

第一，在日常生活中教育和提醒。如：让孩子了解基本的交通规则，“红灯停，绿灯行，黄灯亮了等一等”；不在马路上踢球、逗留、追赶；不翻越栏杆。

第二，认识一些常见的安全标志。家长可以上网搜索常见的安全标志，并和孩子一起认识这些安全标志，帮助孩子理解各标志的含义，增强孩子的安全意识，规范其行为。

第三，从真实案例中学习。家长可以结合电视报道或书刊杂志中的一些真实案例，与孩子一起学习，从中吸取教训。面对真实的案例，孩子的触动一般比较大，他们会更加积极而用心地学习家长讲述的防范措施。家长也可以结合案例，问问孩子案例中的人是因为什么导致了这种结果，怎样做就可以避免，如果孩子遇到了这种事情应该怎么办。家长要循序渐进地启发孩子，并及时纠正和补充孩子的回答，让孩子不断提高安全意识，学会正确、科学的防范措施。

二、提高孩子应对危险的能力

安全知识不仅仅是书面知识，更重要的是在生活中的运用，能让孩子将这些知识转化为实践，从而提高孩子应对危险的能力。比如，有的孩子出于好奇，爱玩剪刀，家长越不让他动，他越好奇，非想试试不可。对于这类孩子，家长的说教和制止可能起的作用不大，这时家长不妨教孩子掌握正确使用剪刀的技巧和方法，并让孩子在家长的看护下反复练习和操作。待孩子掌握正确的使用方法后，他的好奇心得到了满足，就会少玩这类物品了，即使玩了也可能不会因为没有经验而弄伤自己。因此，家长需要将孩子的安全意识切实地融入孩子的素质教育中，多教孩子一些应对危险的技能，放手给孩子一些空间，让他们在生活中锻炼和摸索，不断完善自己。

三、将孩子的兴趣转移到其他游戏上

当孩子非要玩危险游戏时，如爬墙、高处跳跃等，家长应采取制止的方式。家长在制止时，要讲明理由，态度要和蔼，语气要坚定，并适时地引导孩子玩一些安全游戏，如猜谜语、玩沙包、骑小车、跳格子、拍球等，使孩子放弃玩危险游戏。

四、为孩子选择合适的电视节目

孩子一般都喜欢看电视。高质量的、具有教育意义的电视节目能开阔孩子的视野，培养孩子良好的价值观，对孩子的发展起到积极的作用。因此，家长应该根据孩子的兴趣和年龄特点，帮助孩子选择合适的电视节目。家长要充分发挥电视节目的教育功能，注意摒弃一些含有暴力、恐怖等孩子不宜观看的内容，避免不良的内容对孩子造成负面影响。此外，家长还需要对孩子看电视的时长进行控制，防止孩子长时间沉溺于电视节目中。

五、教会孩子简单的自救方法

家长在培养孩子的安全意识和行为的同时，也应让孩子掌握一些简单的自救方法。如：烫伤后立即用凉水冲洗；地震时护住头躲到桌子旁或墙角下；脚扭伤了要冷敷；等等。另外，家长需要教孩子记住一些紧急电话号码，如110、120、119等，并把这些号码写下来粘贴在家里，以备不时之需。

六、以身作则，树立好榜样

孩子喜欢模仿家长的言行，因此，家长在孩子面前一定要做好榜样。如：过马路时走人行道，红灯停、绿灯行；遵章守纪，不酒后驾车；放风筝时，远离高压电闸、电箱；乘坐扶梯时，扶好扶手，一侧站立。家长的言传身教是最好的教育方式。在家长的正确引导下，孩子能掌握更多的安全知识，并学会自我保护。

七、为孩子提供安全的环境

家长应为孩子提供安全的环境，如：家中的电源线应固定在高处，以免孩子触电；窗户应有纱窗或防护栏，并用锁将窗户固定住，以免孩子坠落；橱柜和抽屉都应加防护措施，以免孩子擅自取出易碎物品或夹到手；药品和卫生用具都锁在箱子中，以免孩子拿到；家中有棱角的桌椅应加防护套，以免孩子磕碰；塑料袋应妥善放置，以免孩子玩危险游戏；家里带刺的植物最好放在孩子够不到的地方，以免孩子刺伤；外出游泳应选择正规的游泳场所，以免孩子感染疾病；等等。

大作业

第一阶段：让孩子意识到安全对于自己和他人的重要性（2天）

此阶段主要是家长运用故事或具体事例，让孩子明白安全的重要性及不安全因素带来的隐患和危害。

家长可以自编或者选择一些有关安全教育的故事，也可以结合日常生活中有关安全的真实事例，讲给孩子听。

家长记录孩子的表现情况和感想。

第一天：……………………………………

……………………………………

第二天：……………………………………

……………………………………

第二阶段：帮助孩子掌握基本的安全知识（10天）

本阶段主要是家长和孩子一起反复操作和练习，帮助孩子掌握基本的安全知识。

1. 家长教会孩子如何正确、安全地使用剪刀、小刀等。

2. 家长教会孩子遇到危险时的自救方法，如火灾、地震时的逃生方法。

3. 家长和孩子共同演习几种危险情况，如被坏人跟踪、偶遇病人及遭遇火灾等，告诉孩子：在这些情况下应分别拨打紧急电话110、120和119，使孩子牢记这些号码的用处。

家长记录孩子掌握安全知识的情况。

第一天：

第二天：

第三天：

第四天：

第五天：

第六天：

第七天：

第八天：

第九天：

第十天：

第三阶段：培养孩子在家中的安全意识和行为，帮助孩子认识常见的安全标志（5天）

此阶段主要是家长培养孩子在家中的安全意识和行为，让孩子了解家中有些东西是不能乱动的，如药品、家用电器、厨房的灶具等。

1. 家长把家中不适合孩子触碰的物品贴上警示标志。

2. 家长帮助孩子理解和掌握一些常见的安全标志的含义。

3. 家长把安全标志做成卡片，和孩子一起玩卡片游戏。每人轮流出一张卡片，让对方辨认，回答正确者就可以把卡片拿走，最后看谁得的卡片最多。

家长记录孩子掌握安全标志的情况。

第一天：

第二天：

第三天：

第四天：

第五天：

第四阶段：培养孩子在幼儿园的安全意识和行为（5天）

此阶段主要是家长和幼儿园老师沟通，针对孩子在幼儿园的活动，重点培养孩子在幼儿园的安全意识和行为。

1. 家长请老师把孩子在幼儿园可能遇到或发生的安全问题整理列出，做成如下表格。

2. 每天回家后，家长根据表格对照孩子的行为。对于孩子做得好的方面画“✓”，做得不好的方面画“×”。

3. 家长同时在表格中对孩子的表现打分。对于孩子做得好的方面，完全靠其自身做到的，计2分；经老师提醒后做到的，计1分。对于孩子做得不好的方面，计0分。5天总得分越高，说明孩子在幼儿园的安全意识越强；总得分越低，说明家长需要加强对孩子的幼儿园安全教育。

4. 在每天的实施过程中，家长提醒孩子在幼儿园里遇事要冷静，三思而后行。

内容	第一天	第二天	第三天	第四天	第五天
与小朋友一起游戏时，不推挤，不争抢					
玩沙土游戏时，不扬沙					

续表

内容	第一天	第二天	第三天	第四天	第五天
手工活动时，能安全地取放剪刀，剪刀尖不对着他人					
上下楼梯靠右行，不跨跳楼梯					
饭后不剧烈跑动					
能用安全的姿势滑滑梯、荡秋千					
不乱摸幼儿园的植物					
不乱动班里的电源、插线板					

家长总结和评价孩子的表现情况。

第五阶段：培养孩子在户外场所的安全意识和行为（7天）

本阶段主要是家长针对孩子在户外场所的活动，重点培养孩子在户外场所的安全意识和行为。

1. 家长把孩子在户外场所可能遇到或发生的安全问题整理列出，做成如下表格。

2. 家长每天为孩子提供一定的户外活动时间。回家后，家长根据表格对照孩子的行为。对于孩子做得好的方面画“✓”，做得不好的方面画“×”。

3. 家长同时在表格中对孩子的表现打分。对于孩子做得好的方面，完全靠其自身做到的，计2分；经家长提醒后做到的，计1分。对于孩子做得不好的方面，计0分。7天总得分越高，说明孩子在户外场所的安全意识越强；总得分越低，说明家长需要加强对孩子的户外安全教育。

4. 在每天的实施过程中，家长提醒孩子在户外场所遇事要冷静，三思而后行。

内容	第一天	第二天	第三天	第四天	第五天	第六天	第七天
不随意钻爬护栏							
不乱捡地上的东西							
不在马路上、人行道上玩耍							
远离户外的装饰灯、井盖、高压电箱等							
出门紧跟家长							
不吃陌生人给的食物							
安全乘坐扶梯							

家长总结和评价孩子的表现情况。

第六阶段：回顾和总结（1天）

本阶段主要是家长回顾孩子在之前几个阶段的表现情况，并进行总结，也可以让孩子说说自己的收获有哪些。家长应以表扬和鼓励孩子为主，努力帮助孩子发扬优点、克服不足。

第八课

我会飞

——培养孩子的想象力

想象是人脑对原有的表象进行加工改造而形成新形象的心理过程。想象力是人类创造思维的核心，属于高级的认知过程。它在科学技术的发展、文学艺术的创作等方面都起着举足轻重的作用。

学前期是孩子想象力发展的重要时期。对于中班孩子来说，他们的想象没有预定的目的和主题，容易在外界的刺激下直接、不自觉地产生。他们通过想象过程获得满足，有意想象和创造想象开始发展。在这一时期，家长重视培养孩子的想象力，能为孩子以后的创造性思维和认知发展奠定基础。

案例

今天下午，幼儿园中班开展了一节绘画活动，绘画的主题是“假如我会飞”。在导入环节，老师先展示了一些飞行动物的图片，请小朋友们观察并思考这些动物为什么会飞。接着，老师让全班小朋友一起模仿飞行的动作，边飞边想象自己看到了什么。导入环节结束后，老师向小朋友们提出绘画要求：“请你们大胆发挥想象力，把自己在飞行时看到的都画下来吧！”于是，大家准备好水彩笔和画纸就开始画画了。

半个小时过去了，老师在活动室看了一圈，大部分小朋友都画好了。老师走到默默跟前，发现她的画纸上还是空白的，就问她：“你怎么没有画呢？”默默说：“我画不出来。”老师尝试着引导她：“闭上眼睛，现在你有了一双翅膀，你会飞到哪里呢？你看到了什么？”

默默说：“我想不出来，我什么都没看到。”后来，老师又继续耐心地引导她。可是，不管老师怎么引导，默默还是画不出来。

案例分析

绘画活动是儿童美术活动的重要内容。在绘画活动中，孩子在事物的构图、造型、色彩方面往往蕴含着丰富的想象力和情感。有的孩子能突破单一、僵化的思维模式，根据主题发挥想象力进行绘画活动。对于这类孩子，家长和老师应对他们给予肯定和鼓励，对于他们的“怪问题”或“荒诞想法”，不要一概否定或当笑话对待，以免扼杀孩子的想象力。但是，也有一些孩子由于生活环境、生活经验和知识水平的限制，存在想象力匮乏的现象，比如案例中的默默，面对主题绘画活动，她在经过老师的多次引导之后依然画不出来。孩子缺乏想象力，原因主要有以下五个方面。

一、孩子的生活内容单调

表象是想象的材料，想象必须先有素材。有的家长忙于工作，常常忽视孩子的发展，不能经常带孩子出去参观、旅游等，有时甚至不和孩子交流，总是把孩子关在家里，让孩子独自玩。还有的家长只重视对孩子的衣食住行等方面的照顾，关心的是孩子不磕不碰，而忽视了孩子的内心世界和生活内容的充实和丰富，同时孩子的视野也得不到开阔，这导致孩子缺少感性知识和生活经验，从而很难具有丰富的想象力。

二、孩子的心理发展滞后

有的孩子虽然实际年龄已经四五岁了，但由于家长对孩子在0~3岁时的早期教育重视不够，导致其心理发展较同龄孩子明显滞后，孩子在思维能力、语言能力、想象力方面的发展水平也可能低于同龄孩子的发展水平。

三、家长不重视孩子的语言发展和情感交流

孩子想象力的发展与思维能力、语言能力有密切联系。孩子学习语言，可以获得直接或间接的知识，利用这些知识在头脑中加工，从而想象出丰富的内容。同时孩子也可以通过学习，知道如何运用语言表达自己的想象。有的家长由于不重视孩子的语言发展，很少和孩子沟通，这导致孩子的语言发展迟缓，情感缺乏，从而抑制了其想象力的发展。

四、家长不科学的态度

有的家长由于不了解孩子想象力发展的特点，常常嘲笑孩子有某些新奇的想法。有的家长甚至觉得孩子说的、想的事情太难以理解，于是经常对孩子加以批评和训斥。殊不知，家长不科学的态度会使孩子不敢说、不愿说、不敢想、不能想。这样的家长不仅没有保护孩子的想象力，反而扼杀了孩子的想象力。

五、家长对孩子做游戏时的限制过多

一般来讲，孩子都喜欢各种游戏，如角色游戏、建构游戏、智力游戏、体育游戏等。可是，有的家长担心孩子在游戏中出现意外情况，因而常常对孩子进行限制，如：不许把房间弄乱；不要把床单弄脏；不能摔坏桌子上的花瓶；不能划坏地板；不能把水洒到地上；等等。家长对

孩子做游戏时的限制过多，会使孩子不能和不敢大胆尝试和想象。这不仅束缚了孩子的行动力，还束缚了孩子的思维和想象。

了解孩子

下面这些内容可以用来了解孩子的想象力情况，家长可以对照这些内容观察孩子的行为，符合孩子行为的选“是”，不符合的选“否”。每题选“是”计1分，选“否”计0分。得分越高，说明孩子的想象力越丰富；得分越低，说明孩子在想象力方面存在问题，需要家长的帮助。

1. 听完故事的前半部分，能续编出故事的后半部分。 是☐ 否☐
2. 绘画时，画面内容经常有创新之处，并能说出理由，比如，给汽车画上翅膀，是想让汽车在堵车时飞过去。 是☐ 否☐
3. 听到音乐后，能根据自己的理解创编动作。 是☐ 否☐
4. 经常创设一些情境来玩游戏，比如，假装自己在开车。 是☐ 否☐
5. 在游戏中，能把现实中的物品想象成另一情境中的其他物品，比如，把筷子当成孙悟空的金箍棒。 是☐ 否☐
6. 喜欢动手设计新奇的东西。 是☐ 否☐
7. 能根据主题进行绘画，如好玩的幼儿园、快乐的动物园等，且绘画内容较丰富。 是☐ 否☐
8. 能将废旧物品制作成玩具或道具，比如，用牙膏盒制作高楼，用药瓶制作小娃娃。 是☐ 否☐

9. 能进行图形添画，如把圆形添画成太阳、足球、镜子、钟表、游泳圈等。 是□ 否□

10. 喜欢表演故事，并且能把故事中人物的语言和动作进行创作加工，表现得更丰富。 是□ 否□

建议

一、学习和掌握有关孩子想象力发展的知识

家长学习和掌握一些有关孩子想象力发展的知识，能帮助自己用客观、专业、科学的态度去观察和理解孩子在这个年龄段的言行举止，能有效地培养孩子的想象力。幼儿园中班孩子的想象力发展一般具有以下特点。

第一，无意想象占重要地位，有意想象开始发展。孩子的想象首先是无意想象，即孩子没有预定目的，当受到外界影响或变化时，才会产生自己的想法。比如，孩子拿着水彩笔在纸上乱画了很多线条，当家长问他画的是什么时，他一会儿说是波浪，一会儿说是马路，一会儿说是小河，总之他想到什么就说什么，这就是无意想象。一般3岁以前的孩子都会有这种现象。3岁以后的孩子开始出现有意想象，在活动之前，孩子已有预定目的和主题。中班孩子所处的年龄段在4~5岁，他们在这一年龄段的有意想象开始发展。

第二，想象的创造性增强。4岁左右的孩子，随着其生活经验的丰富，他们会把自己在生活中所遇到过的、感知过的事情再现和加工出来，有时还会增加一些创造性的成分，如孩子玩“过家家”“开饭店”等游戏时，会增加一些游戏人物和故事情节。

第三，无法明确区分想象和现实。中班孩子容易将想象和现实混淆，比如，家长可能会听到孩子说：“我见过外星人，他特别厉害，有很多武器。”孩子说这样的话，其实就是无法区分想象和现实的表现，他们会将想象和渴望的事物作为现实中的事物。这是孩子在这一年龄段的发展水平和心理特点造成的。

二、丰富孩子的生活知识和经验

想象需要先有素材，因此，丰富孩子的生活知识，使其头脑里存在各种事物的形象，是孩子的想象力产生和发展的基础。孩子的生活内容越丰富，得到的各类事物的形象越多，越有助于其想象力的发展。所以，在条件允许的情况下，家长应有计划地带孩子进行参观、旅游等活动，带领孩子欣赏自然景观和人文景观，引导孩子细心观察事物的形态、特点，了解事物产生和发展的过程。见多识广的孩子容易把各种事物的某些特点联系起来进行想象，久而久之，其想象力也就随之发展了。

三、经常和孩子玩各种亲子游戏

家长经常抽出时间和孩子一起玩亲子游戏，在游戏中注意培养孩子的想象力。在语言游戏中，家长和孩子可以玩“一字开花”游戏，比如，家长说一个“电”字，孩子用这个字扩词，如电灯、电话、电视、电台等；还可以玩词语接龙，如电灯—灯泡—泡茶—茶叶—叶子等。在体育游戏中，家长可以问孩子：“球除了拍着玩，还能怎么玩？”如果孩子说不出来，家长可以引导孩子，让孩子知道球还可以滚着玩、夹着玩、背着玩、顶到头上玩等，这样既能促进家长和孩子的情感交流，又能培养孩子的想象力。在游戏中，家长要注意的是一定要以鼓励和赞美孩子为主，尤其鼓励孩子在玩的过程中表达出更多的想法和玩法，重点表扬孩子的想象和创造活动。

四、给孩子独立游戏的空间

游戏是孩子对现实生活的创造性反映。在游戏中，各种模仿活动都要求孩子具有丰富的想象力。因此，家长应鼓励和引导孩子参加各种游戏，如智力游戏、体育游戏、建构游戏、音乐游戏等。在这些游戏中，家长可以给予孩子必要的指导，但不要轻易干预，因为无拘无束的游戏更有利于孩子发展想象力。

五、通过孩子语言能力的发展来促进其想象力的发展

想象力的发展与语言能力和思维能力的发展有密切联系。孩子通过学习语言，可以获得知识，增加表象内容。经过头脑的再加工后，孩子可以运用语言表达自己的想象。所以，家长可以通过讲故事、编故事、看图说话等形式，激发和培养孩子的想象力。比如，家长在给孩子讲《小马过河》的故事时，就可以提一些开放性的问题："你猜小马是怎么做的？如果你是小马，你会听谁的？你会怎么做？"家长鼓励孩子续编或改编故事的结尾，这样既能培养孩子的语言表达能力，又能提高孩子的想象力。

六、多带孩子参加艺术活动

音乐、绘画、表演等艺术活动能极大地激发孩子的想象力，对孩子的想象力发展具有很重要的作用。因此，家长要多带孩子参加音乐、绘画、表演等艺术活动，丰富孩子的感性经验，提高孩子的艺术修养，促进孩子想象力的发展。

七、注意提高孩子思维的灵活性

家长可以先引导孩子观察日常生活中每种物品的主要用途，再在生活中寻找机会，让孩子发现这种物品的其他用途。这样的观察不仅能培养孩子的观察力，还有助于提高孩子思维的灵活性。如：杯子不仅可以用来盛水，还可以盛豆、插花；锅不仅可以用来煮饭，还可以洗菜、盛米；筷子不仅可以用来吃饭，还可以当搅拌棒；等等。当孩子的思维变灵活后，其想象力也会得到发展。

八、营造良好的家庭氛围

如果孩子有一些大胆、创新的想法，家长要给予孩子支持、肯定和鼓励，营造一种接纳、欣赏、赞美的家庭氛围。孩子在这样的氛围中会有成功感，其语言能力、思维能力和想象力都可能得到发展。但是，由于孩子的心理发展不成熟，孩子有时会把想象和现实混淆，有的想象不符合科学性。比如，在讲《猫和老鼠》的故事时，孩子可能把老鼠描绘得比猫还大。对于孩子充满想象的想法和做法，家长应持包容的态度，而不是嘲笑或粗暴地制止和批评孩子。

大作业

第一阶段：学习和讨论（2天）

此阶段主要是家长在了解孩子想象力发展特点的基础上，讨论孩子目前的想象力情况。

1. 家庭成员了解和学习孩子想象力发展的特点。

2. 家庭成员一起讨论：孩子在想象力发展方面有哪些不足？

第一天：

第二天：

第二阶段：丰富孩子的生活知识和经验（7天）

此阶段主要是家长有目的、有计划地丰富孩子的生活知识和经验，为孩子想象力的发展提供条件和基础。

1. 家长有选择地为孩子讲一些科普故事，扩大孩子的知识领域。

2. 家长带孩子到公园、商场、超市等公共场所，引导孩子注意观察公共场所中人物的服饰、语言、动作、表情等。

3. 家长带孩子观看画展或文艺演出，让孩子说说自己的感受及观察到的现象。

4. 家长每天陪孩子看15分钟具有教育意义的动画片。

5. 家长带孩子观察不同职业的人的工作，如警察、医生、营业员、收银员等，引导孩子说说自己观察到的内容。

6. 每天晚上睡觉前，家长请孩子讲一讲当天在幼儿园发生的趣事。

家长记录孩子的表现情况。

第一天：

第二天：

第三天：

第四天：

第五天：

第六天：

第七天：

第三阶段：鼓励孩子积极参加各种游戏（7天）

此阶段主要是家长和孩子一起玩游戏，在游戏中通过家长的引导和帮助，促进孩子想象力的发展。

1. 家长和孩子一起玩游戏，如体育游戏、音乐游戏、拼摆游戏等。

2. 下面的表格中给家长提供了一些参考游戏，孩子需要发挥想象力才能完成。家长可以在表格中记录孩子感兴趣的程度，分为很感兴趣、一般感兴趣、不感兴趣三种。

游戏名称	游戏玩法	孩子感兴趣的程度
体育游戏	家长和孩子一起玩沙包、球等，鼓励孩子创造多种玩法，如沙包可夹、顶、背、扔、抛等	
音乐游戏	家长准备不同风格的音乐，鼓励孩子跟随音乐做不同的动作	
拼摆游戏	家长准备大小、颜色、形状各不同的硬卡片，让孩子随意想象，组合造型	
线绳游戏	家长提供粗细、长短各不同的线绳，鼓励孩子用线绳想象造型	
建构游戏	家长准备多种积木，让孩子想象搭出“摩天大楼”“城市花园”“未来家园”等立体造型	
语言游戏	家长准备若干看图说话的卡片，让孩子随机挑选一张，编个故事	

家长根据下面表格中的内容，记录孩子的游戏情况。

时间	游戏名称	游戏玩法	游戏时长	是否有创新成分
第一天				
第二天				

续表

时间	游戏名称	游戏玩法	游戏时长	是否有创新成分
第三天				
第四天				
第五天				
第六天				
第七天				

家长总结和评价孩子的想象力情况。

第四阶段：引导孩子创编故事（7天）

此阶段主要是家长引导孩子创编故事，进一步促进孩子想象力的发展。

1. 家长每天给孩子讲故事，可以只讲故事的前半部分，再让孩子编出故事的后半部分，也可以只让孩子编故事的结尾。

2. 故事编好之后，家长还可以让孩子以绘画的形式将故事画出来。

家长记录孩子的表现情况。

第一天：

第二天：

第三天：

第四天：

第五天：

第六天：

第七天：

第五阶段：练习和巩固（7天）

此阶段主要是家长通过观察和判断，选择一些孩子感兴趣的活动进行练习和巩固，活动的形式和玩法需要不断创新。

孩子想象力的发展不是一朝一夕的事，需要家长长期给予孩子关注、鼓励和支持。

家长记录孩子的表现情况，并作简单的评价。

第一天：

第二天：

第三天：

第四天：

第五天：

第六天：

第七天：

附：丛书总目录

幼儿园小班

幼儿园中班

幼儿园大班

一年级

第一课 高高兴兴去上学
——培养孩子的入学适应能力
第二课 我是生活小能手
——培养孩子的生活自理能力
第三课 兴趣是最好的老师
——激发孩子的学习兴趣
第四课 今日事今日毕
——培养孩子良好的学习习惯
第五课 我是诚实的好孩子
——培养孩子诚实的美德
第六课 我会保护自己
——培养孩子的自我保护能力
第七课 有了苦恼会倾诉
——培养孩子的乐观情绪
第八课 班级是我快乐的家
——培养孩子的合群性

二年级

第一课 我也要做王羲之
——培养孩子良好的书写习惯
第二课 跳动的壶盖
——培养孩子的观察能力
第三课 专心听讲不走神
——培养孩子的专注力
第四课 6是6，9是9
——培养孩子细心的习惯
第五课 学习不用妈妈陪
——引导孩子独立学习
第六课 做不好，别笑我
——保护孩子的自尊心
第七课 我不再怕毛毛虫
——培养孩子的勇敢品质
第八课 我是“小雷锋”
——培养孩子乐于助人的品质

三年级

第一课 不做“白字先生”
——培养孩子的识字能力
第二课 授人以鱼，不如授人以渔
——帮助孩子掌握适合自己的学习方法
第三课 和小朋友一起玩
——培养孩子的社会交往能力
第四课 错了说声“对不起”
——培养孩子解决冲突的能力
第五课 男孩也能跳皮筋
——培养孩子正确的性别观念
第六课 你们先走我最后
——培养孩子的合作能力
第七课 天有不测风云
——帮助孩子应对重大变故
第八课 “大胖胖”与“小瘦瘦”
——帮助孩子建立合理的饮食结构

四年级

第一课 生活时间安排好

——培养孩子做事的计划性

第二课 书籍是我的好朋友

——让孩子喜爱阅读

第三课 周末我要学跳舞

——培养孩子的兴趣、爱好和特长

第四课 言必信，行必果

——培养孩子诚信的美德

第五课 我是妈妈的好帮手

——培养孩子爱劳动的好习惯

第六课 谢谢爸爸妈妈

——培养孩子的感恩意识

第七课 近朱者赤，近墨者黑

——引导孩子理性交友

第八课 坐立行走姿态好

——养成孩子良好的体态和健康的生活习惯

五年级

第一课 作息规律身体好

——培养孩子良好的作息习惯

第二课 我相信我能行

——帮助孩子拥有自信

第三课 学当理智的小消费者

——引导孩子形成正确的消费观

第四课 生命如此美丽

——教育孩子珍爱生命

第五课 天高任鸟飞

——为孩子插上想象的翅膀

第六课 不学礼，无以立

——引导孩子礼貌待人

第七课 我有好朋友

——提高孩子的人际交往能力

第八课 我是守法小公民

——培养孩子遵纪守法的意识

六年级

第一课 我爱五星红旗

——培养孩子的爱国情感

第二课 我长大了

——引导孩子正确认识第二性征

第三课 烦着呢，别理我

——帮助孩子学习控制情绪

第四课 有张有弛效率高

——帮助孩子学会合理安排时间

第五课 其实我挺了不起

——引导孩子正确评价自己

第六课 我们说说悄悄话

——鼓励孩子与父母沟通

第七课 赠人玫瑰，手留余香

——引导孩子学会关爱他人

第八课 赢得起也输得起

——帮助孩子提高抗挫能力

七年级

第一课 新起点，新面貌
——帮助孩子适应中学生活

第二课 别再把我当孩子
——理性看待孩子的逆反心理

第三课 我是家庭一成员
——培养孩子的家庭责任感

第四课 我的未来，美丽的梦
——培养孩子的生涯规划意识

第五课 我的学习我规划
——培养孩子学习的独立性

第六课 把握好课堂学习
——帮助孩子提高听课效率

第七课 我们都是好朋友
——尊重孩子的异性交往

第八课 不动笔墨不读书
——帮助孩子掌握良好的阅读方法

八年级

第一课 识别诱惑有主见，遇事报警不迟疑
——培养孩子的安全意识和防范能力

第二课 上课要打有准备之战
——帮助孩子掌握课前预习方法

第三课 压力变动力，带来好成绩
——帮助孩子应对紧张的学习压力

第四课 过过“电影”效率高
——帮助孩子掌握复习方法

第五课 我是理性的追星族
——培养孩子的高雅情趣

第六课 业精于勤荒于嬉
——培养孩子勤奋学习的好习惯

第七课 敢于展示自己
——培养孩子的自信心

第八课 情窦初开时
——正确引导孩子少年时期的“爱”

九年级

第一课 莫要眉毛胡子一把抓
——指导孩子制订学习计划

第二课 体验生活中的美
——重视孩子的情感培养

第三课 理性花钱知节俭
——培养孩子正确的消费观和理财意识

第四课 锻炼身体有活力
——培养孩子热爱运动的习惯

第五课 适度紧张出效率
——帮助孩子克服中考焦虑

第六课 求战阶段更从容
——训练孩子应考的自信

第七课 合理作息，考时当平时
——帮助孩子制订中考前一周作息时间表

第八课 不以成败论英雄
——引导孩子坦然面对中考结果